韩非子
国家的秩序

张素贞 —— 编撰

九州出版社
JIUZHOUPRESS

图书在版编目（CIP）数据

韩非子：国家的秩序 / 张素贞著. -- 北京：九州出版社，2018.11

ISBN 978-7-5108-7547-2

Ⅰ．①韩… Ⅱ．①张… Ⅲ．①法家②《韩非子》—研究 Ⅳ．①B226.55

中国版本图书馆CIP数据核字(2018)第251158号

韩非子：国家的秩序

作　者	张素贞
责任编辑	张艳玲
出版发行	九州出版社
地　址	北京市西城区阜外大街甲 35 号（100037）
发行电话	(010)68992190/3/5/6
网　址	www.jiuzhoupress.com
电子信箱	jiuzhou@jiuzhoupress.com
印　刷	三河市兴博印务有限公司
开　本	787 毫米 ×1092 毫米　32 开
印　张	8
字　数	150 千字
版　次	2019 年 3 月第 1 版
印　次	2019 年 3 月第 1 次印刷
书　号	ISBN 978-7-5108-7547-2
定　价	48.00 元

用经典滋养灵魂

龚鹏程

每个民族都有它自己的经典。经，指其所载之内容足以做为后世的纲维；典，谓其可为典范。因此它常被视为一切知识、价值观、世界观的依据或来源。早期只典守在神巫和大僚手上，后来则成为该民族累世传习、讽诵不辍的基本典籍。或称核心典籍，甚至是"圣书"。

佛经、圣经、古兰经等都是如此，中国也不例外。文化总体上的经典是六经：《诗》、《书》、《礼》、《乐》、《易》、《春秋》。依此而发展出来的各个学门或学派，另有其专业上的经典，如墨家有其《墨经》。老子后学也将其书视为经，战国时便开始有人替它作传、作解。兵家则有其《武经七书》。算家亦有《周髀算经》等所谓《算经十书》。流衍所及，竟至喝酒有《酒经》，饮茶有《茶经》，下棋有《弈经》，相鹤相马相牛亦皆有经。此类支流稗末，固然不能与六经相比肩，但它各自代表了在它那一个领域中的核心知识地位，却是很显然的。

我国历代教育和社会文化，就是以六经为基础来发展的。直到清末废科举、立学堂以后才产生剧变。但当时新设的学堂虽仿洋制，却仍保留了读经课程，以示根本未隳。辛亥革命后，蔡元培担任教育总长才开始废除读经。接着，他主持北京大学时出现的"新文化运动"更进一步发起对传统文化的攻击。趋势竟由废弃文言，提倡白话文学，一直走到深入的反传统中去。论调越来越激烈，行动越来越鲁莽。

台湾的教育、政治发展和社会文化意识，其实也一直以延续五四精神自居，以自由、民主、科学为号召。故其反传统气氛，及其体现于教育结构中者，与当时大陆不过程度略异而已，仅是社会中还遗存着若干传统社会的礼俗及观念罢了。后来，台湾朝野才惕然憬醒，开始提倡"文化复兴运动"，在学校课程中增加了经典的内容。但不叫读经，乃是摘选《四书》为《中国文化基本教材》，以为补充。另成立文化复兴委员会，开始做经典的白话注释，向社会推广。

文化复兴运动之功过，诚乎难言，此处也不必细说，总之是虽调整了西化的方向及反传统的势能，但对社会普遍民众的文化意识，还没能起到警醒的作用；了解传统、阅读经典，也还没成为风气或行动。

二十世纪七十年代后期，高信疆、柯元馨夫妇接掌了当时台湾第一大报中国时报的副刊与出版社编务，针对这个现象，遂策划了《中国历代经典宝库》这一大套书。精选影响国人最为深远的典籍，包括了六经及诸子、文艺各领域的经典，遍邀名家为之疏解，并附录原文以供参照，一时朝野震动，风气丕变。

其所以震动社会，原因一是典籍选得精切。不蔓不枝，能体现传统文化的基本匡廓。二是体例确实。经典篇幅广狭不一、深浅悬隔，如《资治通鉴》那么庞大，《尚书》那么深奥，它们跟小说戏曲是截然不同的。如何在一套书里，用类似的体例来处理，很可以看出编辑人的功力。三是作者群涵盖了几乎全台湾的学术菁英，群策群力，全面动员。这也是过去所没有的。四，编审严格。大部丛书，作者庞杂，集稿统稿就十分重要，否则便会出现良莠不齐之现象。这套书虽广征名家撰作，但在审定正讹、统一文字风格方面，确乎花了极大气力。再加上撰稿人都把这套书当成是写给自己子弟看的传家宝，写得特别矜慎，成绩当然非其他的书所能比。五，当时高信疆夫妇利用报社传播之便，将出版与报纸媒体做了最好、最彻底的结合，使得这套书成了家喻户晓、众所翘盼的文化甘霖，人人都想一沾法雨。六，当时出版采用豪华的小牛皮烫金装帧，精美大方，辅以雕花木柜。虽所费不赀，却是经济刚刚腾飞时一个中产家庭最好的文化陈设，书香家庭的想象，由此开始落实。许多家庭乃因买进这套书，而仿佛种下了诗礼传家的根。

高先生综理编务，辅佐实际的是周安托兄。两君都是诗人，且侠情肝胆照人。中华文化复起、国魂再振、民气方舒，则是他们的理想，因此编这套书，似乎就是一场织梦之旅，号称传承经典，实则意拟宏开未来。

我很幸运，也曾参与到这一场歌唱青春的行列中，去贡献微末。先是与林明峪共同参与黄庆萱老师改写《西游记》的工作，继而再协助安托统稿，推敲是非、斟酌文辞。对整套书说不上有什么助益，自己倒是收获良多。

　　书成之后，好评如潮，数十年来一再改版翻印，直到现在。经典常读常新，当时对经典的现代解读目前也仍未过时，依旧在散光发热，滋养民族新一代的灵魂。只不过光阴毕竟可畏，安托与信疆俱已逝去，来不及看到他们播下的种子继续发芽生长了。

　　当年参与这套书的人很多，我仅是其中一员小将。聊述战场，回思天宝，所见不过如此，其实说不清楚它的实况。但这个小侧写，或许有助于今日阅读这套书的大陆青年理解该书的价值与出版经纬，是为序。

国家秩序的建立

张素贞

《韩非子》是我国战国晚期极富文采的政治学典籍，两千多年来，《韩非子》一直是读书人爱不释手的研习范本。有谁意想得到：明代的士子秘藏在帐中的珍爱读物，竟是《韩非子》！直到现在，《韩非子》仍是广受读者喜爱的先秦诸子重要典籍之一。

《韩非子》究竟有些什么诱人的魅力？

韩非子（公元前？～前二三三年）是战国晚期一位怀才不遇的韩国贵公子，文才很高，患有口吃的毛病，偏逢韩国政局混乱，他空有满腹的治国经纶，却被当道权贵阻挠，有志难伸，只好书写成文字，融会众家学说的精华，附加个人独得的见解，勾绘出一幅治国的蓝图。因为出身韩国的宗室，基于个人的血缘关系，他对韩国政局的关切，远远超过遨游列国、借机求合诸侯的愿望。战国时期，韩国在七国之中最为弱小，土地贫瘠，强邻逼处，政治又被一些怀藏私心的权贵大臣把持，韩非子痛心疾首，于是写成了十多万字的《韩非子》。《韩非子》是一本救亡图存的实用政治学书。

为了救亡图存，《韩非子》呈现了关顾现实的特质，是务实的政治理论，和儒家思想比较，它提供了不同的观察角度。牟宗三先生在《中国文化大动脉中的现实关心问题》的演讲中，曾扼要地指出儒、法两家的殊异：儒家是探讨人类的终极关怀的问题，法家则是着力在现实的关心问题上。尽管儒家思想博大精深，从个人的修身、齐家到治国、平天下，有一整套的理论系统，但儒家学说一味称引先王，标榜效法古代，不免陈义过高，不切实际；探讨人类的终极关怀的问题，一时也不容易看到具体的成效，韩非子的论说正好弥补这方面的不足。韩非子主张要面对现实去谋求解决问题的办法，研拟方针要具体可行，有实质的效益。他相信古史旧闻也许有参考作用，但时代演变得剧烈，很多景况都已改变，一些往昔非常完美的学说，也不见得能完全适用于当代，应当重新检视，绝不能照章全抄，因应制宜，必得研拟能解决问题的可行的、能落实的新措施。这样关顾现实、面对问题的态度，使得他的学说具有政治上实质的参证作用，因而成为历代政治家喜爱的书籍，自秦始皇、李斯以下，三国时的诸葛亮还为蜀后主抄录过，刘备临终时特别向儿子强调它"益人意智"。汉代在黄老治术之后，武帝虽然标榜独尊儒术，其实推行的是王霸杂糅的政治，儒学为了因应帝王的需要，也有法家化的现象，一直到清代末期，中国的政治实际上是融合运用了儒、法两家的思想。法家关顾现实的精神，使得法家学说成为支撑我国两千年帝王政治的骨干。作为法家学说主干的《韩非子》，对中国政治的影响性自然不小，要了解我国两千年来的君主政治，不能不研究《韩非子》。

韩非子的学说有所承袭，融合各家思想，又因应时代需要，有所转化，自成一套思想体系。韩非子关顾现实，不同于儒家的留意终极关怀，也不同于道家的关心自我超越，他师承儒家荀子，融用道家智慧，而以法家为本位。他对儒学大做修订斟酌，改"常道"为"变道"，笃信因应制宜、变中求通的原则，他的活泼思路则得自于道家的灵动不拘。《史记·老庄申韩列传》把老子、庄子、申不害、韩非并合立传，并且说韩非"其归本于黄老"。从道家到法家，韩非子有承衍有转化，而现实观照又使他不得不拣选法家的变革主张，因应时代的变迁扮演了改革者的角色。法家有鉴于周朝封建体制业已崩溃，弊端百出，传统的"礼"再也不能维系社会秩序，于是把"法"从"礼"中离析出来，对应时代的需要，以"法"的客观、平等、公开等特质，取代"礼"的阶级性、秘密性。"法"作为治国的最高准绳，提倡"法律之前，人人平等"，再不能顾及封建社会的尊尊、亲亲，身份的贵或贱不宜再有相异的差别待遇。这种法治主张是人类政治的一大进展，其法治精神可以直接和现代相通。法家的"法"虽然是由"理"生发出来，但一般认为：法家把"法"置于"理"、"情"之上，不如儒家的"情"、"理"、"法"容易让人接受，故常被误解为不近人情，甚至饱受訾议。追究原因，不外受到汉武帝推崇儒术的表象所影响，士人以儒论法，对于不同角度的改革性主张，难免有负面的批判。

韩非子时代的政治思潮，是由贵族分治转向帝王大一统的专制体制，韩非子提倡的正是帝王政治理想，由霸到王，具有难得的慧见。有人责怪韩非子大多站在君主的立场论说，平情而论，他的主张在当时已是顺应潮流的改革政论，我们不能苛求韩非子展现后世才可能有的民主精神。

韩非子冷静客观的论说，启引后人的思辨。他的基本观点：人性自利，要因势利导；教百姓看长利、远利，重公利、君利，由自利到互惠；历史演化，要因应制宜；国家务力，要奖励耕战，致富图强。韩非子的帝王政治理想，包融了法（固定的法律）、术（控制的手段）、势（政治的权力）三大端。尚法，要平等客观，罪刑法定，信赏必罚；用术，术主无为，以一御万，循名责实，听言观行，善于用人，还要有伺察之术；任势，君主要能独擅权势，也要抱法处势，借赏罚以巩固权势。在那战国纷争的局面，弱国要保全，要生存，强国要扩张实力，进而称霸、统一天下，都必须致富图强。治国的目标就是富强。韩非子强调不论合纵或连横的外交策略，都不是保全国家的办法，富强的根基，除了奖励耕战，还在于内政的清明，励精图治。

一种学说得以长远流传，受人喜爱，首先必须有相当充实的内涵，能经得起人们深细的探索；其次，也必须是义理的深刻能同时满足文学上的品赏玩味。《韩非子》开创的一些文学体裁，"难"与"储说"尤其精彩，这也是历代备受文人垂青的原因之一。《韩非子》有《难势》及四篇《难篇》，其中的"难"字，是批评、驳论的意思，读去声。这新创的体例，以批评、驳论来提出自己的政论。《储说》是储备各种事例传说，用来讨论人主治国之道，以"经"提纲挈领，再以"传"（或解作"说"）用故事解说经义。看他引证、批驳、议论，或看那些富涵哲理的故事，读者略加思辨，就往往爱不释手。

《韩非子》另外有《说难》，司马迁格外激赏，为韩非写传记时，特意把全文誊录一遍。韩非子曾多次向韩王进谏，屡遭挫折，在游说谏诤方面的切身体验，使《说难》布局周到，曲折耐玩。《说难》谈论游说谏诤的艰难，分析成败的因素，详记委曲陈辞的方法，条理清晰，举证完备，布局周到而又精密，文笔考究。这篇文章反映出战国时期君主的威势，以及士人求仕的艰难，可提供做研究古史的参考。而韩非子主张积极进取的出仕观点，显现了崇高的政治理想，更难能可贵。他以伊尹、百里奚自况，强调积极进取，为天下、为国家，不辞卑辱，要施展抱负，挽救世局。《淮南子·修务训》、《墨子·尚贤》、《吕氏春秋·本味》和《史记》之《殷本纪》、《秦本纪》、《晋世家》、《孟荀列传》及《说苑·臣术》都有记载支持这种说法。《说难》还强调：有机会为国家做事，要能替君主深入计谋、援引事理力争明切地剖析利害，直截指出君主的对错，与君主长久地互相扶持，这样谏说才算成功。韩非子藉此揭示了非常高标的谏说理想，若是不能达到这样的标准，那么谏说就不算成功，而这样的标准，即使儒家谈论的辅弼谏诤大臣也不过如此。值得留意的是，《说难》提揭了高远的游说谏诤理想，虽然亟欲用世，主张不辞卑辱，士人卑屈以进，但只是权宜之计，只是历练过程，并不是夤缘巴结，求取利禄而已，目的在于借此完成理想，这是忍辱负重，整体来看，是相当难得的构意。

目　　录

13

前　言

　　《韩非子》是先秦法家集大成的作品，是我国政治学方面的
重要典籍。它是作者顺应时势，参酌各家学说而拟就的治国理论，
不仅洞明时世症结，道破人性弱点，用思深刻，析理透彻，且文
章充实华美，气势雄伟，条贯醻畅，结构完密。它的排比对偶，
已具备后人骈俪唯美文学的雏形；它的寓言托意，也往往成为后
代成语典故的出处。因此，《韩非子》固然是我国政治学的不朽
巨构，也是文学史上数一数二的哲理范文。

一、法家思想是时代的产物

　　韩非子的帝王政治理想，有它产生的特殊时代背景。周平王
东迁（公元前七七〇年）以后，封建制度已经逐渐动摇，社会也
产生变化，也因此诸子百家争鸣，学术思想发达。那时候儒、道
两家各具理想，儒家称引先王，力倡恢复固有的礼制；道家讲求

无为，冀望回归太初的淳朴。他们同样是古而非今，要人们取法古人，复归原始。唯独法家，确信历史进化，主张顺应时势，制定因事备变的新制度，谋求国家的统一富强。战国（公元前四〇三年）以还，时局动荡，封建制度已完全崩溃，原本维系社会秩序的"礼"，已随着宗法制度的大大毁坏而失去效能，客观平等的"法"就应运而产生。法家这一类的人，主张尊奉公法作为治国的准绳，可说是历史的产物，也是改造我国历史的人物。法家思想在战国时代占了优势，即如儒家的荀子、道家的慎到，也因现实政治环境的需要，兼采早期法家的思想，成为桥梁性的人物，实际影响到韩非子。韩非子总集前辈法家的大成，融会儒、道各家的学说，而构成完整的思想体系。他所提出的一系列主张，适应当时历史发展的必然趋势，对封建制度的瓦解及中央集权制度的建立起了推动的作用，影响了我国两千年的帝王统治，韩非子确实有他不可忽视的重要性。

前辈法家之中，商鞅尚法，主张信赏必罚，用法作为强国利民的工具；申不害尚术，主张循名责实，以密术暗中驾驭群臣；慎到尚势，主张秉权立威，尊君卑臣，令行禁止。大体而言，法家都讲求充实实力，提倡武勇：管仲相齐，大兴鱼盐之利；李悝相魏，尽地力之教；商鞅佐秦孝公，重视农战，奠定秦国富强的基础。这些都是具有成效的先例。韩非子总结法家大成，主张法、术并重，势、利兼顾，尊君贵法，而以帝王政治理想为依归。

二、韩非子的身世

韩非子出身韩国的公族，用国名为姓，生年不详，死于韩王安六年，即秦始皇十四年（公元前二三三年）。他死后三年，韩国灭亡，十二年，秦始皇统一天下。他的时代，正是战国晚期，诸侯竞强争霸，已如水火。秦国自孝公之后，六代施行法家政策，国富兵强，加以求才若渴，客卿都来自六国，远交近攻，离间诸侯，虎视眈眈，有系统地策划，急欲兼并天下。韩国是个多山的中原古国，略有现今河南西北部、陕西东部，土地贫瘠，民生疾苦，又介于各大国之间，西有秦，南有楚，东有齐，北有赵、魏，在战国七雄之中最为弱小。由于地接强秦，饱受威胁：秦国要是向六国发动攻势，韩国首先受到侵害；六国要是向秦国施行攻击，韩国又必须做先驱，处境很是困难。而在内政来说，积弊已深，韩王暗弱，政权落入权贵大臣之手，内忧外患，随时都有灭亡的可能。

韩非子眼见韩国危弱，屡次上书给韩王，提出救亡图存的许多方案，可惜被权贵大臣阻挠，没能施展抱负。他愤慨国君不能修明法制，任势用术，以求富强，不能任选能干切实的法术之士，反而举用一些浮淫而对国家有害的人，感伤自己忠贞、正直，却不被重视，于是发愤著书，写成了十几万字的《韩非子》。

当他的作品流传到秦国的时候，秦始皇看了《孤愤》、《五蠹》两篇文章，大为叹服，还以为是前人的著作，恨不能见见这个作者。李斯告诉他，是自己同学韩非写的。秦王为了得到韩非子，发兵攻打韩国。在紧迫情况下，韩非子临危受命出使秦国。秦王很高兴接见他，但并不信任他。李斯和姚贾趁机毁谤韩非子，秦王把他关在云阳宫。李斯怕秦王真的任用韩非子，会影响自己的前途，派人逼他服毒自杀，等秦始皇再度想起他，想赦免他的时候，韩非子已经丧命九泉。

一代思想家壮志未伸，饮恨以没。他死后十二年，秦始皇统一了天下，李斯执政所用的方策，有许多和韩非子的主张相合。后人往往把秦国的快速灭亡，归咎于法家学说的缺陷，其实韩非子若是能够在韩国从政，或是秦始皇能诚心任用韩非子，使他有机会实际体验政治，把自己的学说再做弥缝补足，只怕历史又自不同了。

三、韩非子与儒道两家的关系

《史记·老庄申韩列传》明白记载：韩非子与李斯同是出自荀卿门下。盖世大儒的两个弟子，一个是法家集大成的人物，一个做了秦始皇的卿相，追究因由，不外是时代环境的缘故。由于时代遽变，人心不古，过去儒者强调的，用以维系宗法社会的道德礼义，已逐渐失去效用，新的"法"取代了它，成为安定社会的准绳。荀子的学说，已受时代潮流的影响，融合不少法家的思想。

他的弟子们，为求应合战国晚期的激烈竞争，便进一步，以十足的法家姿态出现。

如果我们比较荀子与韩非子的学术思想，可以发现明显的师法关系，譬如：荀子说人性恶，要是不谈天性的转化与人为的教育作用，就是韩非子的人性自利观。又如：荀子的法后王，倘若连后王也不效法，光求面对现实，就是韩非子的历史进化观。荀子不相信天命，主张克尽人事，韩非子也主张抛舍占卜迷信，明定法制作为奉行的标准。荀子重视"礼"，却不排斥"法"，《荀子》书中常以法度与礼义并论，又有尚功用与重刑罚的主张，这些都给予韩非子重要的启示。不过，荀子与韩非子的相似处，全在于法家成分，而不是儒家精粹的言论。《韩非子》书中，除了《解老》有关"仁"、"义"、"礼"的几个段落系注疏性质，阐发儒家学说以外，几乎都是对儒家采取批判的态度，这是两家宗旨不同的缘故。

司马迁作《史记》，把道家的老子、庄子和法家的申不害、韩非子同篇立传，说韩非子"归本于黄老"。按理说来，韩非子与道家的关系应该相当密切，但值得留意的是：除了《解老》一些阐释道家哲理的文字以外，韩非对道家学说有所采择，但归结的意义却大不相同。在《韩非子》书中，每每可以看到设论出发点是道家词语，最后的作用与结果却是相去甚远。譬如：道家提倡"无为"，是崇尚自然，是极端的放任政策；韩非子却跟申不害一样，拿无为作为君主统驭臣子的方术，认为君主安逸，让臣子劳虑，君主掌握重要原则，就可以虚静无为，而群臣都战战兢兢，奉公守法。

又如：道家摒弃贤德智虑巧慧，是要让人民无所争执，复归人类朴质的本来面貌；韩非子却和慎到一样，凭借对智虑巧慧的否定，推出尚法任势的主张。他对贤德的观点，也由道家的不尚贤，进而提出实证历练的选才办法，认为只要选才选能，不要用"贤"的标准任用人，任贤不但很难确定标准，而且容易滋生流弊。这是韩非子对道家学说有所拣择，仍不放弃个人主观的融会，目的仍然在于因应当代的迫切需要。

四、韩非子的影响

韩非子的帝王政治理想，由于切合时代环境的需要，直接促进了贵族封建制度的瓦解与中央集权制度的建立，把中国历史推向了一个崭新的局面。秦始皇统一天下，他的施政谋略虽不完全符合韩非子的理想，毕竟还是得力于韩非子学说的运用。秦人崛起迅速，一统局面只维持了十几年，虽然显露了法家思想的局限，但汉初文、景二帝的黄老思想，仍然兼容了法家的刑名之术（参阅余英时《历史与思想》，联经出版社）；武帝虽是罢黜百家，定儒学于一尊，但实际付诸施行的却是王霸杂糅之政（《汉书·元帝纪》记载的宣帝说的真心话）。问题是：一般帝王与政治家运用韩非子学术，往往隐讳其迹，加上儒者先入为主，韩非子学说又有一些不可避免的缺点，所以他备受历代学者抨击。不过他的法家学说却一直是支撑政治的骨干，就我国两千多年的君国统治来说，韩非子的学术思想确有它不可磨灭的意义存在。

每当国家危疑弱乱之时，总是有赖政治家实际运用韩非子学说，以求独立自强。三国时孔明治蜀，开诚布公，平正廉明，正是韩非子理想的政治家，孔明亲手抄写申不害、韩非子的言论劝后主参酌取用，便是希望拿权略智谋来救助仁恕宽厚的不足。王船山《读通鉴论》，以为魏、蜀都重申、韩之术，理由是可以了解的。宋代王安石与明代张居正，位居宰辅，锐意革新，力谋富强，也是参酌韩非子学说的。甚至日本明治维新，也受韩非子学说的启示。日本人研究《韩非子》的著作不下几十种，仅仅陈启天《〈韩非子〉校释》所征引的重要疏解就有七家之多，而且常有精要的考证与发挥，可见其一斑。

在我国，由于政治环境的关系，由唐朝迄明朝，一般多留意《韩非子》一书的美辞华藻，用作习文的范本。韩非子，古人原称韩子，宋代以后因为推重古文八大家之首的韩愈，称韩愈为韩子，改称韩非为韩非子。清代考据学大盛，研究《韩非子》的学者日渐增多，多数引证丰富，但却少有能推求韩非子立言的深义。鸦片战争（公元一八四〇年～一八八二年）以后，我们华夏往日大一统的国家，也不免受世界潮流的冲击，被迫进入新的竞争行列。严复呈《上光绪皇帝万言书》，认为："在今天要谈救亡图存的学说，我想只有申不害、韩非子的大致可用。"因为内忧外患频仍，学者开始又注意韩非子对于实际国计民生大有助益，于是韩非子的学术思想再度放射灿烂的光芒。

五、韩非子学说的轮廓

韩非子学术思想有它完整的思想体系，他主张法、术兼顾，势、利兼顾，以帝王政治理想为依归。章太炎在《国学略说》里曾经提及："在那种贵族用事的时代，唯恐国君不能专制。国君要是能专制，总比贵族世袭专政的局面好得多。"韩非子用君主集权政治做他的目标，是对当时环境深思熟虑之后而得的结论，分崩离析的贵族地方分治，当然没有帝王大一统的中央集权来得理想。我们不能苛责韩非子谈帝王政治，没有谈民主政治，要知道：两千三百年前，君主中央集权政治还是先见之明，要等到秦帝国完成统一了，才实现的。既谈帝王政治，君主就代表国家，所以要尊君，君主要有权力，所以要任势，他治国必须奉行固定的原则（法），也必须运用高明的控制手段（术），才能使臣民尽力一心，为国兴利。

在韩非子法、术、势兼施的主张背后，有它立言的理论基础。韩非子冷眼观察人性，发觉不能排除自利心理，治国既需照顾全体民众，便不能以少数清廉自足如伯夷、老聃等人来做标准，而必须在国家公利的大原则之下，从基本上满足人们相当程度的自利心理。因为人们趋利避害，所以设置赏罚，而且要厚赏重罚，信实必行。由于人们欲望无穷，用人方面必须有公平客观的铨叙办法，方法周密、客观、切实，让臣子没有门径取巧，便可以杜绝幸进，臣子自然安分守己，竭力尽心。最后境界是臣子功利得遂，君主功德兼备。

韩非子另一个理论基础是历史进化。法家勇于面对困难，勇于求新求变；韩非子重视现实层面的种种问题，并且针对疑难，而有因应措施。战国晚期，社会遽变，工商兴起，人们竞相逐利，列国以武力互相征伐，时代环境与春秋大不相同，与三王五帝时代更是殊异，应付的对策，自然要有所改变。所以，韩非子反对儒、墨、道等家的循古守旧，认为应该权衡时势，因应制宜，朝着富强的目标迈进。他大力宣扬法家学说是顺应时势的最佳方案，法度赏罚是治国御民的不二法门。

韩非子第三个理论基础是充实实力。安定统一，富民强国，是晚周列国诸侯的共同国策，也是古今中外治国的永久目标。由于人性自利，时代遽变，国与国之间各自为谋，一切以利害为前提，转相侵夺，绝无道义可言。韩非子既求顺应时势，便主张充实实力，致力富强，退可自保，进可争霸。他认为要求富强，必由内政着手，运用法、术、势的全套措施，自力更生，实行重农主义与军国主义。

六、弥补儒学的不足

古代学者对韩非子有赞誉，也有诋毁。韩非子的学说与儒家相反，是他被后人排斥的主要原因。孟子提倡王道，鼓吹以德服人；贬抑霸道，反对以力服人。而韩非倡议的偏偏就是以力服人的霸王哲学，一般人推崇孟子，就诋斥韩非子。若从客观条件谈治国理论，韩非子欲求安定统一、富强霸王的政策无可厚非，唯有能"霸"，拥有不可轻视的力量，才可能"王"，才可能谈道义。东汉班固在《汉书·艺文志》中，批判法家的苛刻说："伤恩薄厚"，影响后代很深。事实上，韩非子标示"法"做治国的最高准绳，在法度之前，便不论亲疏贵贱，一律平等，突破过去礼法的阶级性与秘密性，任何人一旦触犯公开又公平的法度，就得依法处罚，自然不能只顾私情，也不能再谈贵族封建时期的亲疏关系。这是法家对社会的一种革新，也是人类史上的一大进步。这难得的法治精神，将被人类继续实践下去，不但不算缺点，而且是值得推扬的特色。

韩非子为坚持法家学说，有时还不惜批判儒家理论，由于立场互异，论辩便形如水火。基于历史进化观，他反对儒家称引先王，祖述尧舜；基于人性自利，与顾及政治的普遍与绝对性，他反对德化；他相信国家务求实力的充实，便反对仁义。基于尚法与尚功用的观点，他反对辩智，反对儒者凭借学术干扰法度，反对侠客凭借武艺触犯禁令。他的理论，乍看令人震惊，如果细心推究因由，却另有一番深厚的道理，时至今日，我们仍可以发现：韩非子学说，确实有许多智慧，足以弥补儒学的不足。

在目前的工商社会，人性复杂险诈之处，比战国时代还要严重，要维持工商社会的安宁秩序，不能光靠传统忠孝节义、效法圣贤的教育，必须积极培养"守法就是道德"的观念。守法的观念并不是外国人倡议的，韩非子早已呼吁了两千年。新加坡人能守法守纪，我们也能，只是观念要及早培养。韩非子有很周密的用人铨叙办法，他主张严惩妨害治安的不法之徒，提倡公忠体国的爱国情操，这都值得借镜。他"一切为国家"的观点，在非常时期，更与民主国家的戒严法的实施精神相似。以上种种，都是韩非子再三致意，而值得我们参酌采纳，实际运用的。

七、《韩非子》的读法

以政治学史来说，《韩非子》是我国最重要的典籍，但在学术立场看，《韩非子》不可否认仍有它的缺陷。他有一些议论，因是争辩性质而显得不够周备，抑或因立场互异而不免过嫌偏颇。但是，如果我们揣探他的时代环境以及身世，对于他的设说，便会有充分的了解，洞明它的利弊得失。所以，顾及作者的时代与遭遇，是我们研究先贤原典的基本态度。韩非讲求因应制宜，我们研究《韩非子》，必得了解他因应的环境，才能批判他制宜的措施，进而有所启发，或者有益于新时代新理论的探讨。

《韩非子》，旧称《韩子》，《汉书·艺文志》著录五十五篇，与现存的本子相合。根据纪晓岚《四库全书总目提要》的看法，大约韩非子写作时，最初是各有重点，各自成篇，后来才由弟子们收集编排而成的。司马迁在《史记·老庄申韩列传》，提及韩非子写了《孤愤》、《五蠹》、《内外储》、《说林》、《说难》共十余万字。这几篇该是司马迁认为最可信靠的作品，一般研究韩非子的学者都以这几篇为主，再推述比较其他篇目，可以审定《显学》、《定法》、《难势》、《问辩》、《六反》、《诡使》、《亡征》、《南面》、《八经》、《八说》、《备内》等篇都与重要篇目思想一致，也是可信靠的作品。其他像《二柄》，用"刑德"称"赏罚"，可能沿袭春秋成习，《忠孝》称人民为"黔首"、《难三》称"燕子哙非孙卿"，都可能是后人羼乱，但大体都不离韩非子立说的本旨。又如《主道》、《扬搉（què）》两篇是发挥道家无为的学说，用来建立法家做人君的道理，形式却是用韵；《解老》阐释《老子》，有不少精湛的发挥，却也流露一些法家的见解；《喻老》大抵用法家观点设喻，兼顾《老子》的意义，也往往超越道家的范畴，这些都说明《韩非子》有取于道家而又独具风格。

目前研读《韩非子》书，最便利的本子是清人王先慎《韩非子集解》（台湾中华书局、艺文印书馆），以及陈启天《韩非子校释》（台湾中华书局、台湾商务印书馆）、梁启雄《韩子浅解》（学生书局）、陈奇猷《韩非子集释》（世界书局、河洛出版社）。陈启天先生收集资料，包含王先慎的集解与七种日本人杰出的注疏；陈奇猷的《集释》成书更晚，引证丰富，偶尔也包含了陈启天的《校释》。为求全体思想的贯串理解，读者还需凭借韩非子思想方面的介绍书籍来疏通，比较明切的是赵海金《韩非子研究》（正中书局）、王邦雄《韩非子的哲学》（东大书局）、谢云飞《韩非子析论》（大林出版社）以及笔者的《韩非子思想体系》（黎明文化图书公司）。

研读韩非子，除了据以了解我国法家思想，与数千年君主统治的梗概，还可以用来逆推其他前辈法家的思想（如《管子》、《商君书》），用来比论其他诸子学说，用来参证历代政治理论，用来与相近的外国学说（如马基雅维里的《君主论》）做比较研究，用来探究切合于现代环境的政治理论。若就《韩非子》的华美、谨严、犀利、酣畅而言，也可以用来作为习文范文。运用之妙，存乎一心，采撷汲引，全在读者。

八、本书的体例

本书的立说旨意，在于把原典的精华，通俗浅化。韩非子的文笔虽不算深奥，毕竟是两千年前的作品，辞汇文法与现在不同；韩非子的理论繁复精到，一时不易解说清楚，有不少思想更与传统儒家学说牴牾，不易澄清与理解。本书以韩非子的思想体系为纲领，由理论基础渐次推衍，尽量有条理地叙述介绍。为求达到原典通俗化、趣味化的目的，本书以段落为主，把议论与事例错综排比，简要提示重点，附加"解析"，来疏通古今的异义，显现韩非子立说的特色。韩非子精湛的议论、雄伟的论辩，可以拓展读者的思路，丰富读者的学养；他切要的举证，不少来自历史的实例，也有很多是用寓言故事来烘托譬喻，既庄严又诙谐，读者借此可以研习求证于史实的技巧，了解成语典故的出处，并效法烘托影射、驰骋文墨的写作。

由于逐段解说，难免有细碎的缺失，不能看出《韩非子》全篇精炼的技巧、章法结构的佳妙。所以，笔者特意按照法、术、势三大项目，挑选简短而具代表性的作品：《定法》、《二柄》、《难势》，全篇译述解析，希望可以借此了解韩非子在文章方面的特殊成就。

此外，韩非子的《说难》，谈论谏说君主的种种困难，不仅反映当时一些君主的飞扬跋扈，以及韩非子自身屡次谏说的苦楚，也可以作为战国社会史研究的资料，而且文笔华美，章法考究，举证详实，《史记》曾收录全文，文学价值很高。因此，本书特另辟一章，把全文改写，详加推述，在"解析"之中，斟酌情形还列举历史资料作为参考，这也是我们求事实于历史的一种实验，但愿可以增加不少情趣。

本书对于引用原文有异议或特殊问题的部分，在文末附加注释。有关引据的篇目，则以括弧附于文末，第一次出现时，照例在注释中解释题意，以后就不再重复，为便于查考，笔者另列表格附录于书末。

本书书末，节选《韩非子》原典精华，并将本书曾加叙介解析的篇章项目次第，用括弧注明，以便对照。但愿有兴趣的读者，借此做个桥梁，可以进一步去直接阅读《韩非子》原本，领略韩非子个人的神韵，再度感受韩非子的智慧。

第一章　韩非子的基本观念

一、人性自利

人，天生究竟有着怎么样的性情？这性情影响他的思想行为。团体中的每个人，思想行为是好是坏，直接间接都影响到国家的治安。韩非子生长在纷争扰攘的战国晚期，为了挽救危弱的韩国，热心地探讨解决时代问题的方案，他像医生诊查病人一样，诊断出时代弊病的症结所在，是人们与生俱来的自利的心理。

人性究竟是善？是恶？孟子说性善，但并不否认人们受后天环境和人事关系的影响，有陷溺的可能，所以要好好存养善性，克制欲望。如果我们探究，为何会受某种影响而有所沉溺改变？韩非子认为，正是自利的心理。荀子谈性恶，因为这个理论，两千多年来荀子被误解，被冷落。不过，我们得了解：荀子所说的"性"，其实只是指种种的欲望。人们为了种种欲望，难免争夺，互相伤害，所以荀子要提倡人为礼义的力量，使人们克制欲望，矫治偏差的行为。荀子的礼治思想，便建立在他确认人为礼义的教化力量，可以改变人们天生的种种欲望，足以维系社会安定的秩序。韩非子是荀子的学生，他说得更切实，更具体，那便是：人性自利。人们总是为自我打算，哪样对自己有利益，就去做，哪样对自己有害处，就避免。荀子所说的"好利疾恶"，其实就是自我打算哪！

我国学者一向讳言"利"，似乎谈到利，便很卑污，有损光辉的人格。事实上，哪个人做事不是衡量得失，趋利避害？现代民主观念，谈权必也谈利，人民的权利是民主国家施政措施首先必须顾及的大前提；在国际间，国家的权益不容被忽视，国家共同的利益是全民应当一致努力去争取的。如此说来，谈利又有什么不妥？

照实际情形来说，自利与自我打算的心理既然普遍存在，影响人们对事物的看法，也影响人们的行为，那便是治国不能不留意的问题。韩非子是积极进取，主张面对现实，寻求切合问题的解决办法的。他并不否认人有善性，只是认为当时的环境已不如古代淳朴，在争夺纷竞之下，人们天生自利的劣根性显露无遗，真正能自我约束，知足知止的少之又少。而法家的政治理论，一直是针对广大人民，讲求普遍而又绝对的效果，因此认为：不能冀望人人都向善，可以单凭德化就解决问题；而应该正视人性自利的症结，因势利导，研拟周密稳妥的方策。在国家的公利大前提之下，如果能够人人各得其利，那何尝不是相当理想的幸福环境？韩非子的一整套治国理论，就这样由人性自利的观点拓衍出来。

（一）勇于逐利

鳝鱼①滑溜溜的，像冷冰冰、阴森森的蛇一样，蚕儿软软灰灰的，像爱吃橘柚叶子的臭乌蠋（zhú）②一样。人们见了蛇，就又惊又怕；见了乌蠋，就汗毛直立，浑身起鸡皮疙瘩。但是，打鱼的人手握着鳝鱼，农家妇女捡拾着蚕儿。大凡有利益的地方，人们就浑然忘却自己的嫌恶，都会勇往直趋，就像古代的勇士孟贲、专诸③啊！（《内储说上》④）

【解析】

管仲曾经告诉过齐桓公，人们有所作为，不是认定那么做可以获致声誉，就是认定那么做有某些利益⑤。一般也常引用俗语："人为财死，鸟为食亡。"在广泛的民众之间，为了某种利益，忘

---

① 原文"鳣似蛇"，鳣同鳝。
② 原文"蚕似蠋"，蠋是种很像蚕，寄生在桑树、橘树、柚树上的害虫，黑色，大如人的指头，有臭味。
③ 孟贲，战国时的勇士，又作"孟说（yuè）"，据说他能把牛角硬生生地拔下来。秦武王和他比力气，举鼎摔坏膝盖骨而死，秦国人把他杀了，还抄了家。专诸，春秋时吴国的刺客，为公子光刺杀吴王僚，自己也被杀。公子光就是吴王夫差的父亲阖闾。
④ 本文改写自《内储说上》。《韩非子》有《内、外储说》上、下篇，搜集许多传说故事，用来说明君主各种统治臣子的权术，也说明用法术的利处与不用法术的害处。
⑤ 见《韩非子·内储说上》。

却自己的危险，勇往直前的，随处可见。韩非说："耕种是很辛劳的，但百姓都愿意这样干，他们是想，将来可以因此而富足；战争是很危险的，但百姓都愿意这样干，他们是想，将来可以因此而显贵。"[1] 耕与战是国家致富图强的重要项目，要奖励耕战，基于人性自利的认识，韩非子便认为，应该加强农夫与战士的福利，这不是很切实的理论吗？

（二）警卫释放伍子胥

伍子胥[2] 从楚国逃亡到吴国去，边境上伺望的警卫[3] 捉到他。伍子胥急于脱身，就一本正经地告诉警卫说："国王要抓我，是因为我拥有非常美丽而又珍贵的宝珠。现在我已经丢失了，到时候我将告诉国王说，你拿了珍珠，吞到肚子里去了。"警卫于是急忙释放了伍子胥。(《说林上》[4])

---

① 见《韩非子》第四十九篇《五蠹》。"五蠹"是指五种无益于耕战的人，那是：儒生、说客、游侠、逃兵役的人、工商之民。韩非反对这些人，完全从公法与功用观点出发。《五蠹》的主旨是由历史进化的观点，推论非常时期的法家政治措施，最后并攻击与法家主张相对、在他看来无益于耕战富强政策的五蠹。

② 伍子胥，名伍员，蒙冤逃离楚国，帮助阖闾拓展疆域，攻回楚国，凌辱楚平王的坟墓，发泄十几年的积怨。后来申包胥七日哭秦，秦兵来了，才解了楚国的危。

③ 原文"边候"，意思是"边境上的斥候"。

④《说林》，相当于"传说故事集"的意思。因为篇幅繁多，分上下两篇。韩非子记录许多故事，可能是为写作论文的时候做说明材料用的。

【解析】

楚平王为了与儿子争秦国美丽的女人为妻，借故杀伍子胥的父亲伍奢与哥哥伍尚，虽然是个冤狱，但在当时，楚平王悬赏通缉他，他是个通缉犯，警卫抓他必定有重赏。不过，如果被怀疑吞了珍珠，专制帝王草菅人命惯了，楚王势必要解剖他的肚子，这下非死不可。"自利"之心，使得斥候（警卫）释放了伍子胥，伍子胥能凭机智保全性命，可说是善于利用人性自利的弱点。

（三）教女儿存私房钱

有个卫国人嫁女儿，告诫女儿说："到了婆家以后，一定要设法私下多储蓄些私房钱。结了婚，为人妻子，被遣回娘家^①是常有的事，要能与丈夫厮守下去，那就是幸运的了。"

他的女儿嫁过去以后，真的照父亲的教导，私底下偷偷储存私房钱。她的婆婆认为做媳妇的私心太重，就把她遣送回娘家。这女儿带回娘家的财物，比当年的嫁妆多了好几倍。那卫国人并不认为教导女儿存私房钱有什么不妥当，只知道自己比过去更富有了。现在一般做官的，都是这一类型呢！（《说林上》）

---

① 原文"为人妇而出"。古代有所谓"出妻"的习俗，妇人嫁到婆家以后，如果表现得不合婆家的要求，公公、婆婆或丈夫都可以把她遣送回娘家，这是片面意愿的离婚，是一般妇人最痛心的遭遇。

【解析】

　　卫国这一对父女是乱世拜金主义的一个典型，为了存私房钱，父亲宁愿断送女儿一生的幸福。他可说是只见眼前的小利益，忽略久远的大利益，韩非子认为当代一些做官的也往往因为贪污而被革职，情形和卫国人相似，其间还含着令人戒惕的道理呢！

<h3 style="text-align:center">（四）职业上的自利心理</h3>

　　驾车好手王良①爱护马匹，越国的贤王勾践爱护人民，那是为了用马来奔驰，用人来作战。医生善于吮吸伤口，嘴含病人的污血②，这并没有骨肉血缘的亲密关系，只不过是看在病人要付诊疗费的利益上。所以，做轿子的做好轿子，就巴不得人人富贵；棺材匠做好棺材，就巴不得常有人死亡。并不是说，做轿子的心存仁爱，而棺材匠有意伤害，只是人们不富贵，轿子就卖不出去，人们不死亡，棺材就没人买。棺材匠的性情，并不是憎恶人，不过是职业上靠棺材吃饭，有人死亡，他才有利可图哇！（《备

---

① 王良，春秋时晋国人，以善于驾车闻名遐迩，韩非子常拿他善于驾车来做事例。
② 古代外科不够发达，有些脓疮还得用嘴巴把内存污秽的脓血吸出来，再敷药治疗。

内》[1])

【解析】

韩非子很冷静客观地分析人们行为的基本动因，都是自利的心理。有许多职业上的自我打算，形成外在容易被误解的印象，亏得他能深入去解析探讨，看来似乎很无情，我们又不能不承认他说的确实是有道理。"舆人成舆，则欲人之富贵；匠人成棺，则欲人之夭死也。"不仅文笔工稳流畅，而且内含至理，成了后人熟诵的名句。

（五）由自利到互惠

一个人在孩提时代，父母待他简慢，他长大了，就怨恨父母；儿子长大成年，身强力壮，对父母的供养菲薄，父母便要发怒责骂。儿子和父亲，是有血缘关系最亲近不过的人，而竟有的责骂、有的怨恨，都存着一种别人应该为自己打算的心理，去苛责别人，不全是自己替自己设想啊！

雇佣工播种耕田，主人不惜花费，准备精美可口的饮食招待，

---

[1]《备内》的主旨是说人性自利，君主得防备后妃和嫡子被奸臣利用来劫持国君、弑杀国君。

不惜付给他们优厚的薪资①。这并不是他爱护这些佣工，只是他认为：这样做，佣工耕田的更卖力耕田，除草的更仔细除草。而佣工这方面呢？尽力地耘草耕田，整理田地，也并不是爱主人，而是想：这么努力工作，饭菜就可以更精美，钱也容易挣得多。雇主这一方面是供养优厚，佣工那一方面是卖力做事，关系几乎有父子至亲的恩泽关系，各尽其心，各得利益，都是因为存着自我打算的心理，终究自利利人。所以人们行事施予，存了如何就有利的心理，即使偏远的越人也容易和睦相处②；如果存了别人如何对我不利的心理，冀望别人的照顾，怨恨别人的薄情，即使父子至亲也会疏远而互相埋怨。(《外储说左上》)

【解析】

这段文字旨在点破父子至亲也难免有自利心理，利害冲突的时候，就互相责怪埋怨。照韩非子的看法，认为人与人相处，既不能排除自利的观点，那就得干脆由自利的观点出发，做较深入的打算，往往能做到自利而互惠的地步，如雇主与佣工的关系就

---

① 这句原作"调布而求易钱者"，根据高亨《〈韩非子〉补笺》改为："调钱布而求易者"。古时货币叫"布"，如"帛布、刀布、货布"都是。钱布，是指钱币、金钱。调有"选"的意思，易有"善、好"的意思。"者"是停顿语气，用来引出下文，以便说明如此做的理由。直译这句，是说："拿钱付薪资，总要找好的优厚的理由……"

② 越国地点中原较远，习俗也不尽相同，《韩非子》书常用来指偏远地区，习俗不同，国情互异等概念。

是如此。原本是自我打算，尽心尽意做事，最后彼此都得到利益。那比起一味要求别人为自己设想，不知尽义务与责任好得多。这也就是说，自私自利并不要紧，要紧的是能顾及周遭的人际关系，做深入的打算，彼此的利益便可以协调。如果拿前面的例子来设法补足，那么，优厚的薪资与精美的饮食是雇主的不惜花费，也正是佣工的利益，雇主"忍痛"花费，满足佣工自利的需求，他们便会更卖力做事；相对的，佣工卖力工作，正是雇主所期盼的，对于雇主也是有利的，他们希望因此换得更好的饮食，更优厚的待遇，雇主满意他们的工作表现，自然觉得再多花费也值得。

其实父子的关系何尝不是如此？要是做父亲的能了解儿子的利益所在，主动先去满足他的需求，儿子还有什么抱怨的呢？做儿子的对于父亲也是一样。人与人之间的关系，不都是如此吗？

（六）君臣利害关系不同

臣子和君主的利益是互相矛盾的。这话怎么说呢？君主的利益在于选派有才能的人担任官职，臣子的利益在于没有才能照样能得到职事；君主的利益在于考核有功劳了，再赏他爵位俸禄，臣子的利益在于没有功绩照样大富大贵；君主的利益在于举拔豪杰之士，使他们各尽才能，臣子的利益在于结党营私。所以，国家的土地一天天被侵削，而臣子私家却一天天地豪富；人主一天天地卑微，而大臣一天天地贵重。最后，君主丧失了权位，而臣子拥有国家；君主取消了尊号，降为藩臣，而大臣却夺取了政权，用符节来分封将相①。因为人臣最后很可能达到劫夺权位的结果，所以人臣总是欺诳人主，阴谋自私！也因此，当代一些不守法度的权贵大臣，一旦君主的势位改变，他们还能拥有旧日的宠信的，十个之中不到两三个。这是什么原因呢？人臣犯的罪过重大啊！（《孤愤》②）

【解析】

君臣利益如此不同，既然各自打算，如果任由臣子徇私胡为，臣子蒙混的必然很多，国君一定没法治好国家。如果权重位高的贵族大臣徇私胡为，最后必定劫夺君主的权位。所以，韩非主张要有一套严密客观的考核制度，那就是循名责实的参伍之术，这留待下文再谈。

（七）臣子随时都在窥伺国君的心意

做臣子的无时无刻不在窥伺国君的心意，而做国君的在上位完全没有警觉，仍是一副傲慢的态度，这就难免酿成臣子劫持、

---

① 原文"主更称蕃臣，而相室剖符"，蕃与藩通用。相室，即相国，执政大臣。剖符，犹言分封。古代用符作君臣间凭信的信物，分为两半，一留朝廷，一付官吏；人主失国以后，反向臣下称藩臣，而执政大臣变为君主，反而可以剖符分封他的臣子。

② 《孤愤》是《韩非子》第十一篇，是韩非用法、术之士自我譬喻，表示独自愤慨的重要作品。主旨在于揭发重臣徇私枉法的阴谋，以及法、术之士被重臣阻挠的不幸遭遇。

弑杀国君的悲剧了。做国君的太信任儿子，那么奸臣就利用他的儿子来达成私人的目的。所以，李兑辅弼赵王，就让主父饿死[1]。做国君的太过信任妻妾，那么奸臣就利用妻妾来达成私人的目的。所以，优施劝说丽姬杀了世子申生而重立奚齐做世子[2]。后妃、夫人、太子都培养自己的势力，一旦党羽形成，都冀望国君早死。国君不死，他们的权力就不大，地位就不高。并非他们憎恨国君，只是国君一死，就对他们有利啊！所以，做君主的对于那些因自己死亡而可以得到利益的人，不能不加以防范。(《备内》)

【解析】

在春秋以前，宗法制度还能维系社会治安，君臣的名分确定，做臣子的也多尽忠职守，恪尽本分。但春秋以后，时局动荡，宗法制度完全破坏，周天子号令不行于天下，诸侯境内也是卿大夫专权，于是乱臣贼子不断出现。韩非提到的正是混乱的状况。君主的地位与权势都是臣下所觊觎的，臣子为了抢夺权位，培养自己的势力，求取更多个人的私利，不惜勾结后妃、夫人、太子，

---

① 主父就是武灵王，曾学胡服骑射，使赵国强盛。他在二十七年的时候，传位给王子何，也就是赵惠文王，自号为主父。赵惠文王四年，公子成及李兑围主父于沙丘宫，困了三个多月，主父终于饿死。

② 优施，晋献公的俳优，名施。献公伐丽戎，虏获丽姬，生奚齐。优施教丽姬谗毁世子申生，申生自杀，另立奚齐为世子。世子就是诸侯未来接掌君位的储君，相当于太子。丽，其他书写作"骊"。

图谋不轨。弄到最后，他们就期盼国君早死，如此他们就有利可图，历代奸臣谋反，心理上大体就是这个样子。所以，韩非子认为国君应当有一套防范的方术，那便是伺察之术，这也留待下文再说。

（八）但愿丈夫不要买妾

卫国有一对夫妻，小两口一块儿祈祷求福。妻子喃喃地祈求着说："让我意外发点小财，能得到五百匹的布①。"她的丈夫听到了，不禁打断她的祈祷，问她说："你怎么祈求得那么少？"妻子回答说："要是超过这个数目，你生活优裕了，就会拿了去换个小老婆回来，我可就有苦头吃了。"（《内储说下》）

【解析】

古代生计艰难，那妻子祈祷却只求五百匹布，目的只在改善环境。如果说她是个知足的贤妇，不想享受富裕的生活，那倒也不是。古代是一夫多妻制，只要经济环境许可，习俗认可有小老婆，但是妻妾同处一室，争风吃醋，问题也多。这妇人不过是怕钱多了，丈夫再买个年轻貌美的小妾，自己的地位与权利就大受威胁，这是夫妻利益不同的缘故。

---

① 原文"得百束布"，一束有十端，每端一丈八，通常两端合卷，总共是五匹。

（九）后妃夫人的自我打算

夫妻之间，没有骨肉血缘的关系。有情有爱，就亲近；不被宠爱，就被疏远。俗语说："做母亲的长得姣好可爱，她生的儿子就常被君主宠爱搂抱。"反过来说，做母亲的长得丑陋可憎，她生的儿子就被忽视。男人①到了五十岁，仍然喜好女色；妇女到了三十岁，美好的姿色就衰减了。以一个姿色衰减的妇女去伺候好色未改的男人，她的内心就怕本身要被疏远，地位变得卑贱②，也担忧儿子不能继承君位，将来日子不好过，这就是后妃夫人冀盼国君死亡的原因哪！（《备内》）

【解析】

古代因为一夫多妻制，嫡庶争宠，诸子争位，家庭问题特别繁多复杂，尤其国君权位重要，宫闱的明争暗斗更激烈。韩非子剖析夫妻之间虽然亲昵，毕竟利益不同，由于是男权社会，女人处于被动地位，不免多生疑虑，而要暗中算计，这都是可以理解的。史书上齐桓公因为好色，夫人争宠，诸子争位，弄到他死后没人殓葬，尸体停放六十七天，长了蛆虫，爬到门槛外头，便是

① 原文"丈夫"，古时用来指男人，是普通名词。
② 原文"身疑见疏贱"，乾道本作"身死……"，照前后文义看来，应该是"身疑……"。

有名的悲剧。推究因由，还在于后妃夫人存有自利心理，也因为国君没能好好杜防。

前文提及的（四）（七）与本段，都由《备内》篇节录改写出来，依序是（七）（九）（四），然后归结出君主防备妃妾的办法，也就是参伍的循名责实技巧，读者由此约略可以看出韩非子收集论据的工夫。

二、因应制宜

战国时代，时局动荡，社会遽变，过去的封建制度已经完全崩溃，原本维系宗法制度的礼节，也因为宗法制度破坏而失去效能。商鞅辅佐秦孝公变法，就主张依据客观环境，因时制宜，有所革新。他认为：三代称王，所行的礼制并不相同；五霸称霸，所用的法度也不一样。所以主张"便国不必法古"。韩非也主张面对现实，客观研究问题，在纷乱之中探讨安定治强的方案。不同的环境，不同的现象，就要有不同的因应的措施，只有如此，才能切合需要，朝着富强的目标迈进。

法家既然主张顺应时势，制定因应备变的新制度，对于儒家法先王的学说便采取抨击的态度。其实韩非学说受荀子法后王（指文武之道）的启发，再加上时局混乱，因而觉得法后王还是不能彻底面对问题，才完全以商鞅的历史进化观点为基础，提出许多法、术、势并重的理论。他宣扬法家学说是顺应时势的最佳方案，法度赏罚是切合需要的不二法门，在当时确实有它的时代背景。

（一）社会进化的实例

上古时代，人民少，禽兽多，人民不能战胜禽兽虫蛇。有位圣人出现，在树上搭盖房子，来避免禽兽的侵害，人民非常高兴，推举他做天下的王，尊称为有巢氏。当时人民吃的是野生的瓜果和腥臭的蚌蛤，肠胃经常闹毛病。有位圣人出现，钻木取火，烧烤食物，去掉腥味臊气，人民非常高兴，推举他做天下的王，尊称为燧人氏。中古时候，洪水滔滔，便由鲧和禹父子负责疏通河流[1]。近古时候，夏桀和商纣暴虐昏乱，于是商汤和周武王起兵讨伐。

如果说，夏后氏的时代有人在树上搭盖房子和钻木取火，一定要被鲧和禹取笑了；如果在殷周时代挖掘沟渠，把好好的河流一再疏通[2]，一定要被商汤和周武王取笑了。那么，假使在当今的时代，还有人赞美尧、舜、禹、汤、武的政治，主张效法实行，也一定要被今天的新圣人[3]所取笑了。所以，圣人不期望遵行古

---

[1] 鲧治水是防堵法，这里韩非子为了简便，用禹的疏通河流概括了。

[2] 这是强调不是洪水泛滥的状况，却把治水当成第一要务；并非平时就不该疏通河道，读者不要以辞害义。

[3] 新圣人，意指法家理想的当代英明君主。

法[1]，不主张墨守成规，认为应该研究当代的实际情况，针对它采取因应的措施。(《五蠹》)

【解析】

这是《韩非子》重要篇目《五蠹》起笔一段。前半根据历史，铺叙人类进化，情形不同，圣人的因应之道为了切合时代需要，也就都不同。后半推论不合时宜的行事，必将被当代圣人取笑，也间接攻击儒家法先王的主张不合时宜，然后作结论，提揭"论世之事，因为之备"的基本观点。由铺陈而议论，再作小结论，谨严而锋利。

(二) 守株待兔

宋国有个耕田的农夫，田里有一截枯树根。有一次，他工作累了，擦擦汗，正喘气想休息一会儿，忽然看见一只兔子老远跑来，不小心触到枯树根，碰断颈子死了。他上前拎起兔子，为自己意外的收获而庆幸！从此，他便放下了农具，整天守候在枯树根旁边，希望再捉到碰断颈子的兔子。可怜他痴痴地等，无奈兔子到底不能再捉到，而这件傻事却在宋国成了笑话。

如果现在要拿古代先王的政治措施，来统治现代复杂的人民，都是呆守枯树根等待死兔子一样的蠢事呢！(《五蠹》)

---

① 原文"不期修古"，孙诒让以为应当是"不期循古"，传写讹误。

【解析】

这寓言故事曾被改写收入小学课文，意象清新，结构完整，不知逗乐多少天真活泼的小朋友。在原文中，韩非子只用了四十个字，直承（一）段的议论，而末后又另有讽评，认为儒者称引先王，冀望恢复古代政治措施的主张，也是守株待兔。

单就寓言的写作来说，韩非手法相当高明，守株待兔用来譬喻守旧的愚拙可笑，称得上妙语解人。实际政治总是面对现实，当代的儒者或者有些是拘泥不通、抱残守缺的，他的譬喻自有意义，在文章写作上更是活泼引人，具有强烈的说服力。

（三）仁义只能适用于古代

古时候文王住在丰、镐两地之间，拥有土地一百里见方，施行仁义的政治，使西戎归服，就称王天下①。徐偃王住在汉水东边，拥有土地五百里见方，施行仁义的政治，有三十六个国家割地向他朝贡。楚王②担忧他会危害自己，就出兵攻打徐国，灭掉了徐国。所以，文王施行仁义政治，就称王天下；徐偃王施行仁义

---

① 文王并没有称王天下，不过他的儿子武王伐纣做了天子，一切基础都在文王的时候就奠定了。

② 原文"荆文王"，荆是楚国旧有的名号，楚文王与"徐偃王"时代不符。据史书，徐偃王是周穆王派楚国去灭亡的，远在楚文王之前，可能是传闻不同。

政治，却被灭亡。可见仁义政治只适用于古代，不适合现在了。所以说，时代不同，事情的状况也就跟着不同。

当舜统治天下的时候，苗族不肯顺服，禹准备出兵征讨。舜说："我们德行不够深厚，不能感化他，却使用武力，这是不合道理的。"于是加强教化，经过三年，武士们拿着盾和斧舞蹈，表示偃武修文的诚意，苗族就降服了。后来对付共工①的战役中，战争激烈到要使用短的铁制兵器互相搏斗，铠甲不够坚固的，身体就会受伤。照这么看来，手执盾和斧舞蹈，用德化降服敌人，只适于古代，不适于今天。因此说，事实状况不同，因应的政策也要跟着改变。

上古的人在道德修养上竞争深浅，中古的人在智虑谋略上比赛高低，现今的人在国家实力上较量胜负②。齐国将要进攻鲁国，鲁国派子贡去和齐国人理论。齐人说："你的话不能说没有道理，但是我们要的是土地，不是你所说的道义。"齐国人出兵攻打鲁国，侵占许多土地，离鲁国都城的城门只有十里。所以说，徐偃王施行仁义而徐国灭亡，子贡巧辩有智谋而鲁国还是被削弱了。这样说来，仁义和辩智都不是保全国家的好办法。如果不行偃王的仁义，不用子贡的辩智，让徐、鲁两国讲求实力的充实与发展，

---

① 共工，应当是部落的名称。女娲、尧、舜、禹的时代都有共工。《五蠹》所谈的共工之役，最起码在降服苗族一段日子以后，甚至还可能更晚。
② 尧舜禅让是"竞于道德"，春秋时代的折冲樽俎（在杯酒宴饮之间制服敌人）是"逐于智谋"，战国时代的攻城野战是"争于气力"。

有充裕的实力对付拥有万辆兵车的强大敌人，那么齐国、楚国就不可能在徐、鲁两国横行，满足侵略的贪欲了。(《五蠹》)

【解析】

时代环境不同，人们因应的措施也跟着改变。道德修养、智辩谋略、充实实力，各自成为上古、中世、当今竞争胜负的重点。韩非子并不排除道德与智辩的功用，只是认为要能切合环境，当代是个以实力较量胜负的时代，便应切实从实力的充实着手，才是自立自强的办法。他用"偃王行仁义而徐亡"，来说明仁义只适用于古代，是援引史例加强论点的绝招。《淮南子·氾论训》也说："徐偃王知仁义而不知时。"《人间训》说："知仁义而不知世变。"强调徐偃王倡行仁义，不合时宜，足见韩非子的看法客观有力。

(四) 圣人不施行古代的政策

古时候事情少，装备简单，朴质简陋而不精致，所以有用蚌壳做除草工具、用人力推车的。古时候人民少，大家相亲相爱，物资充裕，人们看轻利益，而容易做到谦让，所以有拱手禅让，传授天下给别人的。照这么说来，实行拱手禅让，崇尚慈善恩惠，而谈论仁爱亲厚，都是古人推车时代的政治措施呀！处于当今纷争多事的时代，却使用古人简陋的器物，那不是聪明人的措施；面临激烈竞争的时代，却遵循拱手禅让的轨则，那不是圣人的政

治。所以在这个时代，聪明人不再坐人力推车，圣人也不再施行古代的政策。(《八说》[1])

【解析】

战国时代，种田的人有铁制的农具，富贵的人有豪华的马车。人口繁殖而物资没有增加，竞争激烈，社会混乱，人心复杂，绝不是古代简单环境所能比拟；当然，繁杂的社会问题，也绝不是古代的政治措施所能解决。更何况，国家与国家之间的争战也迫在眉睫，只有法家学说最能切合需要呀！这些观点，《五蠹》第二、三两段也可以找到线索。

(五) 买履取度 (duò)

不能面对问题，适当地处理国事，而一味地讲求先王的道理，那都是买鞋子一定坚持回家拿尺码的傻瓜！

郑国有个人想买一双鞋子，先自己量好尺码，把尺码放在座位上。他匆匆赶到市集，忘了携带量好的尺码。好不容易找到了合意的鞋子，一摸身上，才发现没带尺码出来，他告诉卖鞋子的人说："我忘了把尺码带出来，我立刻回家去拿。"等他再度赶回

---

[1] 《八说》是《韩非子》第四十七篇，它的命名，是因为第一段谈及八种颇具声誉的人，都不合用，所以叫"八说"。它是一篇杂论，这里选的一段，谈的正是历史进化的观点。

市集的时候，营业的时间已过，卖鞋子的已经收摊了，他终究没有买到鞋子。

有人问他："你为什么不用脚直接试穿看看呢？"他竟说："我宁愿相信量好的尺码，不相信自己的脚。"（《外储说左上》）

【解析】

《韩非子》的"储说"分有经和传，第一小节是《外储说左上》篇"经"的几句提纲挈领的话，后半是"传"中详细用来说解的故事。

故事中用尺码来比喻"先王之道"，原来也是从真实的情况里体验的政治道理。明明自己的双脚是最直接的试验品，为何不能直接试试鞋子呢？现实的繁复问题，正是为政者该切实面对去谋求解决的对象，为何只知道称引先王呢？

（六）因应兴革

不明了治国之道的人，一定常说："不要改变古代的法度，不要更易惯常的规条。"究竟该变或不该变？臣子们的争论，贤圣的君主是不听的，他只是针对问题，因时因地采取合宜的措施罢了。如此说来，那么，古代的法度与习惯的规条，到底需不需要改变，成了讨论的论题，问题症结就在于这些古代的法度与常用的规条，究竟还合宜不合宜？如果伊尹不在殷变法，姜太公不在周变法①,那商汤和周武王就不能称王天下了。如果管仲不在齐国大事兴革,郭偃不在晋国改变法度②,那么齐桓公与晋文公都不能成为春秋的霸主了。

大凡一般为政者提及变法就觉为难,那是怕百姓已经安于旧有的法度规条,一旦加以改变,人民会抱怨。问题是:若不改革旧有的法度规条,不适用的法度规条不能解决新的社会问题,也不能使国家进步,终究会陷于混乱。为政如果一味投合民心,对于不合法的奸行没有约束能力,奸人将更肆无忌惮。百姓愚拙不知长久因循会酿成混乱,在上位的君主怯懦,没有魄力改革,这是很大的缺点哪!(《南面》③)

【解析】

任何制度一经长久,往往人、地、时、事各种因素会有所改变,制度本身便有不完全合宜的地方,那便应该重新审定,有所改革。常行与古法,有些是万世如一,亘古常新的,有些则是过时落伍的,此中必须细加检讨,因袭或改革,全看它的适用性而定。法家相信变道,因而侧重改变来立说,战国是变化激烈的时

---

① 据说伊尹曾和汤谈素王、九主的事;姜太公是文王、武王的老师,文王改变法度,制定正朔,大约就是他的主张。

② 郭偃,《左传》作卜偃,《商君书》谈到郭偃的法,大约也曾有所改革。

③《南面》,是《韩非子》第十八篇,谈君主统治的方术。古代南面而为君,所以用来做篇名。

代，难怪韩非"变古易常"的主张这么肯定有力。

古代的人民没有受教育的机会，他们也没什么高远的见识，所以笼统说是"愚"。韩非主张为政者必要时不妨独断，不必投合民意，因为人民只见小利，识见狭小，如果确信对国家有长远利益的事，尽可以放手去做。《显学》最后一段[①]有类似的理论，这有些轻蔑人民，容易造成独裁的意识。但大政治家必须高瞻远瞩，以国家的利益为大前提，古代人民的知识又比较闭塞，韩非子的立意还是有道理的。试看现在的民意测验，是否都能用来作为政策的指导？还是只能参考而已。

三、讲求实力

求安定，求富强，战国诸侯都曾尽心致力，事实上，这也是古今中外治国的永久目标。由于人性自利，时代遽变，国与国之间也是自我盘算，完全是功利思想，没什么道义可言。韩非子顺应环境，觉得在国际间以实力较量短长的时代，现实的迫切问题便是：充实实力，使国家安定富强，小足以自保，大可以争霸。要想达到这目标，需从整饬内政着手，自力更生，实行重农主义

---

① "民智如婴儿（即'幼儿'）"，为政不该"适民"，是《显学》末段的主旨。显学指儒、墨两家重要学派。韩非立论批评，是想先批驳，再提出法家理论，是重要篇目之一。

与军国主义。

韩非子当时研拟的方案，是帝王政治理想，章太炎曾经说过，在贵族用事专权的时代，唯恐国君不能集中权力，国君如果能集中权力，谋求统一安定的局面，那总比卿大夫争权混乱的情况好得多。这是战国时代特殊的环境。整顿内政需从法、术着手，国君也必须实际掌权，才能团结士民，统治国家。除了重权势，因为主张冷静面对现实，一切行事也都要以实用的标准来衡量，国君考核臣子的方术，固然要讲求实际效用，既以实力谋求富强，便得尊重勤耕的农夫与奋勇的战士，相对的，大凡妨害耕战实力发展的人与事，便在排斥之列了。

（一）国小兵弱只有屈事大国

统治人民的君主，要是国家弱小，就得侍奉强大的国家；兵力薄弱，就畏惧大国强大的兵力。因此，大国所要求的，小国一定听从；大国借强大的兵力施加压力，弱小的国家一定委屈服从。

弱小国家里，有些做臣子的，在自己的职权范围之内加重赋税征收，把府库的财物都提出来，不顾国内物资缺乏，卑躬屈膝地去侍奉大国；再挟着大国的威望，向自己的国君逼迫利诱，有所要求。甚至秘密私通敌国，招来敌兵，聚集边疆，造成强兵压境的态势，而自己在国内挟持国君，以便了遂个人的私心愿望。再其次的，就一而再，再而三地接纳自己私通国家的使者，让那些使者在国君面前推扬自己的重要性，使国君震惊惶恐。这叫作

四方，也就是臣子假借外交勾通四方邻国，来加重自己的地位，国君因此被蒙蔽，被劫持，不能不明察防备。(《八奸》①)

【解析】

在激烈竞争的多事之秋，一个弱小的国家只有战战兢兢地去侍奉大国，以免大国强兵压境，征服自己。但是，为什么不用侍奉大国那份委曲婉转的心思，充实实力，自立自强呢！

臣子自私自利，常枉顾国家的利益，私通邻国。国家间没什么道义可言，很多国家常和邻国的奸臣私相往来，从事颠覆阴谋，国君如果不细心督察，早加防止，最后一定灭亡。

(二) 实力强大就有人来朝贡

石头地广大到一千方里，也不能算富饶；木偶多到一万个，也不能算强盛。石头地不是不大，木偶的数目不是不多，却谈不上富饶强盛，因为石头地不生产粮食，木偶不能用来抗拒敌人。现在商人②和有技艺的人，都是不种田而光消耗粮食的，这等于是有了田地不开垦，就跟石头地一样了。儒生和侠客不从军立功劳，却也显贵荣耀，这等于是有了百姓没办法使唤，就和木偶人一样

---

① 《八奸》，意思是八种违法的奸行，是《韩非子》第九篇。主旨是说明国君应深入了解臣子的奸行，并设法防止。

② 原文"商官"，有人解作花钱买得官爵的商人；陈启天疑为"商贾"之误，取义比较连贯。

了。只知道石头地和木偶对国家有害无益①，却不知道商人、儒生、侠客就相当于不能垦殖的土地、不能使唤的木偶人一样。如此，只知其一，不知其二，便是不懂得事物是可以按类相推的了。

所以，国力与我们相匹敌的君主，即使喜悦我们的道义，我们也不能叫他进贡称臣；境内封侯的贵族，即使内心反对我的行为，我必得要他们拿着礼物来朝拜。因此，实力强大就有人来朝贡，实力弱小，就要去朝拜别人。为了这个缘故，圣明的国君总是一心培养自己的力量。(《显学》)

【解析】

《显学》是韩非子批评儒、墨两家学说的重要作品。国家要富强，须由耕战着手，儒生与侠客（即墨家的一个流派）却不事耕战，且影响耕战精神的鼓舞，因此，这里由实用观点出发，直接评斥为"不能垦殖的土地，不能使唤的人民"。这是"功用"观点遮蔽了其他价值的认定。由充实实力以求富强的迫切需求，来谈国家间的交往，可见全凭实力区分强弱大小，没什么道义可说。所以，大国实力与我相当，即使讲道义，有深厚的友谊，也绝没有向我朝贡之理，因为它犯不着屈辱啊！相反的，小国兵弱主卑，不得不向大国朝贡，因为在对方实力控制之下，即使敢怒也不敢

---

① "知祸……不知祸……"的句式，也见于《孤愤》，旧本误为"祸知……"。据顾广圻《识误》改正。

言。于是，韩非子归结出"务力"（讲求实力）的治强原则。

（三）富强须由内政着手

群臣谈论外交政策，不是区分合纵或连横的党派，就是想借用国家的武力来报个人的私仇。合纵就是联合许多弱小国家去攻打一个强国，连横是尊奉一个强国去攻打许多弱小国家[1]，这都不是保全国家的好政策。主张连横的都说："不服事大国，就有敌人来侵犯，要遭遇祸害。"事奉大国，必定要有实际的表现[2]，那就得献上本国的地图，交出行政官的印信。献上本国的地图，土地就削减了；交出行政官的印信，就降低了国家的声望。土地削减，国势就削弱；声望降低，政治就混乱了。事奉大国，实行连横，没看见什么好处，土地却丧失了，政治也搞乱了。主张合纵的都说："不去救援弱小的国家，攻打大国，就会失去天下各国的信任；失去天下各国的信任，本国就危险了；本国危险，君主的地位就降低了。"救援小国，必要有实际的表现，那就得发动军队和大国对敌。问题是：救援小国不见得就能保存那个小国，与大国对敌，却未必没有疏忽。一有疏忽，就要受大国的挟制了。出兵吧！军队就吃败仗；退守吧！城池又被攻破。援救小国，实行

---

[1] "合众弱以攻一强"，旧本原文"强"、"弱"两字互异，与史实不符，依照《迁评本》改正。

[2] 各旧本原文作"事大未必有实"，"效玺而请兵"，依俞樾之说，删"未"与"兵"两字。

合纵，没看见什么好处，土地却丧失了，军队也被打败了。

因此，事奉强国，便让臣子利用外国的权力在国内取得高的官位；救援小国，便让臣子借重本国的职权向外取得好处。国家没有得到利益，臣子却得到了封地与厚禄。君主的威望降低，臣子的声誉却提高了；国家的领土削减，臣子私人的家产却富饶了。事情办成，臣子便凭着实权长久被重用；事情垮了，臣子便带着财富退职安居。君主听信臣子的言论，事情还没办成，官爵俸禄都已提高了；事情搞垮了，也不问罪诛罚。那么，一些靠议论说动君主的说客，谁不愿意用投机取巧的言论来侥幸获得富贵呢？国家之所以破败灭亡，君主之所以不幸身死，都是因为听信了那些好事议论的人的浮夸的空话。这是什么缘故呢？那是因为君主不能明辨公私利益，不能考察言论是否合宜恰当，事后又不能确实执行适当的赏罚。

臣子们都说："外交，成功大的可以统一天下，成功小的可以保国安民。"统一天下的，是能进攻别人；保国安民的，是别人无法攻击。国力强盛，才能进攻别人，政治安定，才能使别人无法攻击。安定与强盛，不能从外交上求得，完全取决于国内的政治。现在不在内政上行法用术，却从外交上去逞智虑聪明，那就达不到安定强盛的目标了。

俗语说："衣袖长，跳起舞来容易表现得好；钱财多，做起生意来容易亨通得利。"这是说凭借多，条件优越，就容易搞好事情。所以安定强盛的国家，容易定出好计谋，衰弱混乱的国家，总难有好的打算。在强大的秦国，十次改变计谋，很少失败；在弱小的燕国，仅只一次改变计谋，也难得成功。并不是在秦国任事的人都聪明，在燕国任事的人都愚蠢，而是两国一个安定一个混乱，条件不同罢了。

所以，周国①离开秦国加入了合纵的阵营，一年就被并吞了；卫国离开魏国加入了连横的阵营②，半年就被灭亡了。这是合纵灭了周国，连横亡了卫国。如果周、卫两国慢些考虑合纵和连横的计划，而先整顿国内政治，明确地执行法律和禁令，该赏的必赏，该罚的必罚；尽量开发土地，累积财富；教练人民能不惜牺牲，宁死也坚守城邑。那么，别国夺到了他们的土地好处也是很少，进攻他们的国家，却要伤亡很大，即使拥有万辆兵车的国家，也不敢让自己的军队在坚固的城下多做逗留，使强大的敌人抓住自己的弱点趁虚来攻，这才是绝不会亡国的策略。放弃这种绝不会亡国的策略，却去实行那种必定灭亡的事情，这是治国者的错啊！（《五蠹》）

【解析】

这是韩非子攻击纵横家，进而提出外交不足仗恃，须由内政

---

① 周赧王时，东、西周分治，这里指西周国。西周武公与诸侯合纵，秦昭王愤怒，攻击西周，西周武王终于屈服，把三十六邑与三万人民全献给秦国。
② 卫是魏的属国，本是合纵国之一，韩非子所说的，或许卫国中途叛魏，以致失国。

着手的一段重要论文。纵横家喜欢议论国家该行何种外交政策，所以韩非子称为"言谈者"。本文铺叙纵横家的主张以及可能有的弊病，归结到纵横之说只给奸臣带来好处，追究根由还是君主未能明察，不能善用赏罚。

第三小段揭示外交只是末端，内政才是根本，安定治强是统一天下的基本条件，却得彻底由内政下功夫。内政不离法治主义，明定法律禁令，信赏必罚是根本原则；再加强耕战富强的策略，开发土地，竭力求"富"；训练军队，竭力求强。这便是"治强"的雏形，小国不敢轻犯，大国不敢小视，因为经过一番自立自强，本身已有相当的实力啊！这是稳扎稳打的自主之道，也是在波谲云诡，各国凭实力争衡的时代，可以图存，不致覆亡的办法。

纵横家是五蠹之一，看韩非子抨击的理论，不仅气势充畅，对照工稳，而且论据充足有力。由纵横的弊端，倡说纵横者的私心，以及史实上因纵横加速灭亡的例子，纵横不能用已很明显，再进一步提示自己的法治理论，更易被信服，难怪秦始皇看了要赞叹不已！

（四）要求富强必须讲求功用

如今一般君主喜欢不切实用的论辩，又尊重远离功效的行为，这样要想求得国家富强，是不可能的了。像孔子、墨子，是广博学习，善于说理，很有智慧的圣人，但孔子、墨子并不耕田耘草，那对国家有什么利益呢？像曾参、史鳅，是修行孝顺、清心寡欲的贤人，但曾参、史鳅并不攻城作战，那对国家有什么利益呢？

一个普通的百姓，有个人方面的私利，统治全国的君主，有国家方面的公利。不耕作，就供养充足，不任职，就名声彰显，这是个人的私利；禁止学术①的讲习，阻遏个人私利的谋求，一切爵位俸禄的赏赐都以功劳大小作为权衡的标准，这是君主的公利。

假使施行法度，却又推尊学术，那么人民奉行法令就难免迟疑不决；奖赏有功劳的人，是为了劝勉人民，却又推崇不合功用的私人德行，那么人民耕战生产，就难免怠惰敷衍。崇尚学术，以致动摇人民奉法的心志，推崇私德，以致分化有关功绩的奖赏，这样还想求得国家的富强，是不可能达到的！（《八说》）

【解析】

韩非子认为国家富强是君民同心致力的总目标，一切都为了富强。除了耕战之外，他否定其他圣贤在学术与修身方面的价值，这是他处于急迫的非常时期，狭隘的功用主义所产生的观点。这在纷乱环境下，确实能够收到短时间的急速效果，军国主义的实用性就在这里。但是他只盘算到眼前的君国农战的利益，没能顾及学术与道德的长远价值，毕竟使他的学说有了很大的局限性。

---

① 原文"息文学"，"文学"有时简称"文"，它的定义古今不同，古人偏指学术，在《韩非子》书中，即概指儒者所研习的诗书典籍等整套学术。《论语》所谓"文学：子游、子夏"也是这个意思，倒是子贡与宰我专擅的"言语"科，着重文辞与言语的表达，是后人辞章与纯文学的定义。

不过，如果看到抗战时期，许多学者都抛下自己的学术研究，投身抗御外敌的战争行列，我们也许能对韩非子救亡图存、主张一切为富强的学说，有更深的了解。

（五）仁义只能说着玩玩

小孩子在一块儿扮家家酒，拿尘土当饭，拿烂泥当菜，拿木头当肉块，尽管玩得不亦乐乎，但是到了天黑，一定得回家吃饭。因为土饭和泥菜只可以玩玩，不能止饥解馋。称扬上古相传的颂词，说得尽管动听，却并不切实；称道先王的仁义，却不能用来治理国家，这也是只可以玩玩，并不实用。企慕仁义，而国家难免危弱混乱的是韩、赵、魏啊！不企慕仁义而国家却能安定强盛的，是秦国啊！然而秦国还没能统一天下称帝，那是它的政治还未完全运用得理想啊！（《外储说左上》）

【解析】

这段是由日常故事影射治国理论。小孩子扮家家酒是常事，人们也只当它是游戏，不能当真，如今竟用来比喻仁义之道也只能说着玩玩，不能实际运用于政治上。这一方面是基于因应制宜的历史进化观，一方面也是功用主义。句末用秦国的治强作远景，用更完整的法家理论来期待，言外之意，自己的整套理论正是帝王之学呢！

（六）郢书燕说怎能相信

楚国郢都有个人写信给燕国的宰相，夜里写信，光线不够明亮，于是对拿烛台的人说："举烛（把烛火举高一点）。"因此不觉在信里多写了"举烛"两个字，这不是他写信的本意。燕国宰相收到信，就猜测说："所谓举烛，大概是崇尚光明的意思；所谓崇尚光明，就是要选拔贤人，好好任用。"燕国的宰相把这种想法奏明燕王，燕王很高兴，真的任用贤人，国家治理得很好。治理归治理，但是那并不是郢都人写信的本意啊！

现在一些学者，多数也像这个样子。（《外储说左上》）

【解析】

韩非子借"郢书燕说"来讽喻学者的托喻古事。他认为一些学者对于古代的典籍，往往穿凿附会，加以夸大，说是说得挺有道理，但是往往只是托意的成分多，不一定就是古书的本义。那怎能轻易相信呢！

（七）愚巫之学不足采纳

世上著名的学派，是儒家和墨家。儒家造诣最高的是孔丘，墨家造诣最高的是墨翟。自从孔子死后，儒家有子张、子思、颜氏、孟氏、漆雕氏、仲良氏、孙氏、乐正氏各派^①。自从墨子死后，墨家有相里氏、柏夫氏、陵邓氏各派^②。所以，孔子、墨子之后，儒家分为八派，墨家分为三派。他们对学说的采取与扬弃常常相反^③，却都说自己是孔子、墨子的真传。孔子、墨子不能复活，叫谁来断定后代学派的真伪呢？

孔子、墨子都称赞尧、舜，但是他们采取与扬弃的都不相同，却都自称得到尧、舜的真传。尧、舜不能复活，又有谁能审定儒、墨两家学说哪个是真实的呢？殷、周离现在七百多年了，虞、夏离现在也有两千多年，已经很难审定儒、墨学说的真实与否，如今竟然想要审定三千年之前的尧、舜之道^④，想来是不能断然肯定的吧！没有证验就加以断定，那是愚蠢；不能断定就拿来做根据，那是欺骗。所以，明确地引据先王的道理，断然地肯定尧、舜的事迹，这不是愚蠢，就是欺骗。愚蠢与欺骗的学说，杂乱矛盾的行为，英明的君主是不会采纳的。(《显学》)

---

① 儒家各派中，颜氏之儒有人认为指颜回，但孔门有八个颜姓弟子，颜回虽贤，可惜早死，这种说法不无疑问。仲良氏，大约就是仲梁子，知《礼》而习《诗》，是兼有曾子、子夏之学的人。孙氏即荀卿。乐（yuè）正氏大约就是曾子弟子乐正子春。

② 柏夫氏，原文作"相"，据孙诒让《墨子传授考》改正。相里氏即相里勤，是北派；邓陵氏则是南方的墨者。

③ 原文"取舍（捨）相反不同"，据王先慎《集解》改正。

④ 尧、舜距韩非子的时代不到三千年，这是略举成数而已。

【解析】

《韩非子·显学》篇是用来驳论儒、墨学说，进而提出自己的法家学说。这里选录了首段，可说最锋利的手法，由根本处摇撼儒、墨立说的可靠性，姑不论其议论如何，这手法确实厉害。

韩非子认为儒家八派、墨家三派，各有主张，并不齐一，究竟孰是孰非，很难论定；而儒、墨两家都推尊尧、舜，所说的也不同，究竟孰真孰伪，也很难论定。儒家推崇周公，殷、周距当时已有七百年，墨家推崇夏禹王，虞、夏距当年已有两千多年，是非真伪已很难求证了，更早的尧、舜之道更没法审断。由此，他认为不能证验肯定，却辗转依托，"非愚则诬"。

这里牵扯到法家面对现实的实证精神，也关系到法家留意当代环境的客观论断。因此，为求因应时代，充实实力，不主张援用辗转依托的儒、墨学说，而要切实"论世之备"。

但是，孔子、墨子的精神，并没有因为被韩非子指斥为"愚诬之学"而受影响。尧、舜的事迹辗转相传，自然有不少润饰的成分，儒、墨两家把它理想化，作为取法的偶像，也并不足非，因为尧、舜的理想化，正是儒、墨的精神所在，也是儒、墨学说的伟大之处。我们研究先秦学术，必须客观评定是非，才不致混淆事理。

（八）安定强盛是称王天下的资本

现在一般国君对于言论，总喜欢说话动听，而不要求切当；对于行事，总喜欢虚有的声誉，而不责求实际的功效。所以天下众人，谈说的都讲究说话动听而不求能切合实用。因此称引先王、谈论仁义的人充满了朝廷，政治还是难免混乱。立身行事都竞争着讲究清高，都不管对国家有没有功效。所以，有智谋的人退隐到深山岩穴里，辞去禄位不肯接受，而国家的兵力仍旧难免薄弱。这究竟是什么缘故呢？那是因为：人民所赞誉的，君上所礼待的，都是使国家混乱的一些学说。

现在境内的百姓都在谈论政治，家家都藏有管仲、商鞅的法典，但是国家却越来越贫穷，这是由于空谈耕种的人多，真正拿锄头种田的却很少哇！境内的百姓都在谈论兵法，家家都藏有孙武、吴起的兵书，可是国家的兵力却越来越弱，这是由于空谈作战的人多，真正披甲上阵作战的却很少哇！所以，英明的君主任用人的实力，却不听他的空话；奖助他的工作成绩，坚决禁止无用的言行。这样，人民就会竭尽心力不惜牺牲，来跟君上办事了。

耕种是很劳苦费力的工作，而人民去做，是想将来可以因此致富；作战是很危险的事，而人民去做，是想将来可以因此显贵。如今研究学术、熟习谈论的人，没有尝受耕种的劳苦，却得到富足的实惠；没有经历作战的危险，却有显贵的尊荣，那么谁不愿意干呢？因此，上百的人都从事智虑的事，只有一个人肯使用体力。从事智虑的人多，那法制就败坏；使用体力的人少，那国家就贫穷。这是社会混乱的原因哪！

所以，英明君主统治的国家，不要《诗》《书》等典籍，而用法律做教材；不要先王传下来的言论，而要用官吏当老师；不认为剑客违法逞能是强悍可取，却以斩杀敌人算作勇敢。境内的人民，有所言论一定遵守法律的规定，行动一定要归结到合乎功用，有胆勇的人都投效到军队中。这样，太平无事的时候就国家富足，一有战争的时候就兵力强盛。这就是王者称王天下的资本。既然储备了称王天下的条件，又能善用敌人可以利用的嫌隙，那么，建立超越五帝、与三王①比肩的功绩，一定是这一套方法呀！
（《五蠹》）

【解析】

一般人都知道韩非子攻击过儒家学说，也因此历代不少学者写文章批驳韩非子。不过，韩非子反对称引先王，纯粹是由于冷静客观的思虑而来，他并不曾否定五帝三王已有的政治成就，所以他肯定照自己的理论去做，可以储备称王天下的资本，如能好好运用，甚至可以建立比五帝三王还要辉煌的政治成就。

《五蠹》这段文字，在批评纵横家等"五蠹"之前，等于是

---

① 三王，指夏禹、商汤、周文武王。

全文的小结论。基于功用观点，他反对儒者，认为对政治的安定没有帮助；反对道家的高蹈派，认为对国家的强盛没有帮助。排比对偶的技巧运用得很成功，其实综括其义便是：凡是不合实用的言行，都不能对国家的安定治强有所帮助，既无益，便不是理想公民。

如果从较乐观的角度去观察，韩非子认为法家理论已有些实际影响，但是人们却只是空谈理论，不肯付诸实现，这又得仰赖君子彻底拿"功用"作为奖励、戒止的权衡标准。人主应该了解人性自利，总要让耕种与作战的人获取相当的利益；也不该再礼遇儒者，以免间接鼓励人民逃避耕战危劳的工作，争着学习儒者的学术。耕战可以使国家富强，学术却常被儒者用来议论法制，就法的尊严性与国家安定富强的急迫性而言，韩非子便有了充足的理由反对礼遇儒者与他们所讲习的学术。他主张让官吏教人民熟习法律就够了，他和商鞅一样，主张鼓励人民勇于公战，禁止私斗。在法的最高原则引导下，全民集中心力，一切努力都合乎国家实际的功用，那岂有不安定强盛的道理？这确实是霸王的条件。

单从耕种致富来说，保护农业生产环境，促进农民耕作意愿，提高农民所得，仍是现阶段重要课题，韩非子重农的观点，确实有它永恒的价值。

第二章　韩非子的法制主张

一、明法去私

法的作用，是要在公平的原则之下，依据客观的标准来处理人与人之间的纠纷，维护社会秩序。人难免自私自利，法却是公平可循的典则。英明的君主一定要培养臣民先公利而后私利的观念，有守法爱团体的精神，才能收到法制的效果。

（一）明定公私的区分

贤明君主治国的道理，必要明定公私的区分，明定法制，去除私恩。国君有命令，必定要求臣民奉行；有禁约，必定要求臣民停止不做。这是人主公开执行的国家规条。要做些合于个人的私利的事，对朋友讲狭窄的信义，不因为君主的赏赐而有所劝勉，不因为国君的惩罚而有所戒止，这是人臣私人的信条。私人信条通行，就混乱；国家规条通行，就安定。所以公私一定要有所区分。人臣有私心，但也知道履行国家的规条：讲究修身，行为公正，做官没有私偏，这是人臣实践国家的规条；顺个人的私欲，做卑污的行为，使自己安全，家庭得利，这是人臣的私心。有贤明的君主在上位，那么人臣就排除私心，奉行国家的规条；要是昏乱的君主在上位，那么人臣就不顾国家的规条，顺自己的私心去办事。

所以君臣居心不同：国君用心计豢养臣子，臣子用心计事奉国君。君臣之间的交往，完全是计算利害的。妨害自己而对国家有利，臣子是不干的；妨害国家①而对臣子有利，国君是不做的。以臣子的情形来说，对身体有害，就没有利处；以国君的情形来说，妨害国家，就不能再亲爱臣子。君臣之间的关系，是以计算的心理交往的啊！人有私心，至于面临祸难，却能不惜一死，竭尽智力，完全是因为法令的约束才如此的。所以先王②要明定赏罚来奖励，严定刑罚来威吓。若是赏赐刑罚明确，那么人民就能竭尽心力，不惜牺牲，这样就兵力强盛，人主尊荣。若是刑罚赏赐不明察，那么人民没有功劳也希冀得利，犯了罪也侥幸求免，这样，国家的兵力就薄弱，君主也卑微屈辱。所以说：公私不能不好好区分，法律与禁约不能不审慎颁行。(《饰邪》③)

---

① "害国"，旧本作"富国"，文义不能连贯，据王先慎《集解》改正。
② "先王"在《饰邪》出现多次，与韩非反对"称引先王"矛盾；但《饰邪》发挥的完全是法家思想，如把"先王"改为"明君"，就没有疑虑了。
③《饰邪》是《韩非子》第十九篇，"饰"即"饬"，意思是整饬，主旨是强调君主应当明定法禁，来整饬人臣邪曲枉法的行为。

【解析】

韩非认为人性自利，臣民有私心，但如果能善用明确的法制去加以约束，他们也能履行国家的规条，为公众的利益，而压抑个人的私欲，全看君主能否善用赏罚来达到奖劝与戒止的效果了。这还可能影响国力的强弱与君主地位的尊卑呢！

（二）奉守公法可使国家强盛

国家没有永远强盛的，也没有永远衰弱的。执法的官吏坚强，不曲法从私，国家就强盛；执法的官吏柔弱，曲法从私，国家就衰弱。

在当前的时代，能排除私情，按照公法办事的，那么人民安乐，国家太平；能排除偏私的行为，奉行公法的，那么兵力强盛，敌人相形就削弱了。君主统御群臣，如果能奉行法度来审辨得失，那么臣子也绝不能以诡诈虚饰的方法来欺骗他；君主听察远地的事情，能有固定的衡量标准来审辨得失，那么臣子绝不可能用其他的蒙混手段来欺骗他。

如果君主只因虚有的声誉就认定为有才能，加以进用，那么臣子都要背离君主，而在下结党营私；倘若君主凭着党与推荐援引，就选拔了让他做官，那么人民就会想法子走门路，交结攀附，而不知奉法守法。所以任用的官吏不是真正有才能的人，这国家一定混乱。凭着赞誉就赏赐，毁谤就处罚，那么，喜好赏赐嫌恶处罚的人都要不顾公法①，行使私人图利的方术，彼此结党营私，互相掩饰，欺蒙君主。

一个政治上轨道的国家，一定是人民尊奉公家的法度，不用私人的方术，专心一致，只等君主任用差遣。(《有度》②)

【解析】

这里四段文字本来并不衔接，因为立意相贯，为阅读方便，特意集聚了来欣赏。

民众共同奉行的公平法典，与私人图利的方术如有冲突，应以公法为大前提。国君用法度来考察臣子的忠奸优劣，便有依循的标准，不致受舆论毁誉的影响，也可以杜绝臣子结党、互相荐介攀缘的弊端，使政治步入正轨，使国家安定强盛。

(三) 法令可以矫正违法偏私的行为

国家制定法令，就是用来去除不合法的私心的，法令通行，一切偏私的行为就都消除了。偏私的心理，正是扰乱法制的因素。但读书人另存心思，讲求私人的学术；住在岩穴里，或在坑坎露宿；假托隐伏，深刻地运用思虑，严重的就非议当代的政策，轻微的就蛊惑在下的百姓。君主不加禁止，反而用崇高的名誉去推

---

① 原文"释公法"，"法"字原作"行"，依据王先慎《集解》改正。
②《有度》是《韩非子》第六篇。主旨在于强调以法治国。"度"就是"法度"。

尊他们，用实际的利益照顾他们，这等于是没有功绩却能显贵，没有辛劳却能富足。这样，读书人本就另存心思，讲求私人的学术，怎能不深刻思虑，努力于一些智巧诡诈的事，诽谤法令，来求得与世俗特异相反？

大凡扰乱君主，违反世俗的，总是那些常有心讲求私人学术的人。所以，法家的作品《本言》说："国家所以能够安定乃是因为法令存在；所以会混乱，是因为人们心存偏私。法令能确立，人们就不能不守法度，尽做违法的私自行动了。"因此说："照着私心去做就混乱，照着公法去办事就安定。"

在上位的君主如果不懂得治国的方术，那么聪明的人就敢于说些违法的言论，贤德的人就敢于心存违法的意念。君上有不合法的恩惠，臣下有不合法的欲望，有圣德、智慧的声名的人，立说讲学，往往就非议国家的法令。君主不知道禁止，反而推尊他们，这等于是教导人民"不必听从君主的命令，不必遵守国家的法度"啊！结果是，那些所谓的贤者名声显扬，却并不为国服务；不守法的奸人竟依凭赏赐而富足。因此，在上位的君主就再也没法控制他们不合法的言行了。(《诡使》①)

---

①《诡使》是《韩非子》第四十六篇。诡，是"相反"的意思。主旨在说明君上所尊贵的，与下民所冀欲的，都违反治国的道理。

【解析】

本文仍是用"法"与"私"对立而言,"私"指的是法律范围以外的偏私的言行,不合国家公利的言行。它的主旨在"顺着私心去做就混乱,照着公法办事就安定"。由"公法"观点也批评到"贤"、"智"的道家高蹈派与当代立说讲学的儒生,间接呼吁要培养"听上、从法"的理想公民,可与第一章第三节会合起来看。

(四)太子也得谨慎守法

楚庄王有事紧急宣召太子。楚国的法律规定,车子不准开到雉门①。太子进宫的时候,正巧下大雨,庭院积水,太子就吩咐把马车赶向雉门,守卫的廷理②出来阻挡,说:"车子开到雉门,不合国法呀!"太子说:"国王紧急宣召,我不能等积水消退才进宫呀!"于是挥鞭赶马,守卫的廷理举起长枪敲击马匹,把车驾前头的弯木砍断,杀了车夫。

太子气得不得了,进宫向国王哭诉说:"父王一定要杀了廷理,替儿臣出这口怨气!"楚王从容不迫地说:"这个廷理为了执

---

① 雉门,诸侯宫廷南门的中门,库门在外,路门在内,又称中阙。"雉",古文作"鶙",省作"弟",而误为"茅",《韩非子》与《说苑》作"茅门"、"茆门"都是"弟"字形声的讹误。
② 廷理,古代守卫兼掌外朝(臣子晋见君主休息的地方)法令的人。

行国法，不顾虑我这老国王的情面而特别开释太子；也不为了巴结你这未来的国君而依附你，真是个贤者呀！这真是守法的好臣子！"于是下令，提升廷理，晋爵两级；开了后宫宫门，叫太子打那儿出去，告诫太子说："以后别再轻视国法，随意超越雉门了。"（《外储说右上》）

【解析】

这个故事，强调国家的秩序，要用客观平等的法律作为总依据，绝不能夹杂人为的私情，所以，太子犯法，廷理照样处罚："砍断车前的曲木，杀了车夫。"楚王了解国法的尊严，特别提升廷理，表示他贯彻法令的决心。传说故事里说的是楚庄王，难怪他可以成为春秋的霸主之一，这在古代贵族社会里是突破性的新观念呢！

（五）吴起出妻

战国时代的名将吴起，有一天拿了一条丝带给他的妻子看，并告诉她："你替我重新编织一条丝带，要像这么宽、这么长。"丝带编好了，吴起拿旧的丝带来一比，妻子编的并不合他的意，吴起说："我叫你编织丝带，讲好要像这条一样，现在并不如理想，为什么？"他的妻子回答说："用的材料是一样的，不过我多花了些工夫，加了饰边，让它更美观罢了。"吴起说："这不是我交代你做的①。"吩咐妻子整理行装，把那条丝带佩在她的衣服上，遣送她回娘家去。他的岳父要求吴起把妻子接回来，吴起不肯，他说："我的家里是说话算数，一定要照规定去做的。"（《外储说右上》）

【解析】

　　吴起对待妻子的态度，以现代眼光来看，实在太违背情理，不懂生活情趣。不过，他是个军事家，也是法家，讲究的是令出必行；古代又是男性为中心的社会，妻子虽然别出心裁为他特意美化那条丝带，很有艺术眼光，也很有爱丈夫的诚意，无奈吴起的心思不同，他是想由"齐家"做起，去贯彻自己的理想，妻子的做法在他看来，便不可原谅。为了"法"，丝毫不顾夫妻之间的私情，这也是这段故事所要表达的重点。

二、《定法》的赏析

　　《定法》立意简单扼要，用词精切明晰，对于法与术的定义与修正补足，在在都可以看出韩非子的用心深刻。梁启超在《先秦要籍解题及其读法》里，认定本篇是最重要的篇目。下面我们

---

① 原文"非语也"，依据日人太田方《韩非子翼毳（cuì）》校改为"非吾言也"。

就看看这篇精悍的短文，一则了解法、术并重的主要理论，一则借此探索韩非子运笔精切、结构谨严等特殊的写作技巧。

（一）法与术的定义

有人提出问题："申不害与公孙鞅①这两派的言论，对于治理国家来说，哪一派更为要紧？"

回答说："这是不能估计评量的。一个人不吃饭，饿了十天就会死；在最严寒的冬天，不穿衣服也会冻死。如果要问吃饭和穿衣对人来说，哪样更要紧？那只能说一样也少不得，都是维持生命必须具备的条件呀！现在申不害主张用术，而公孙鞅主张行法。所谓术，就是按照人的才能来授予官职，依据官职的名位来要求达成实际的任务，掌握生杀的权柄，督课群臣的才能，这要由君主来执掌。所谓法，就是法令明明白白地由官府公布，刑罚一定不移地记在人民心中。奖赏是赏那些谨慎守法的人，惩罚是罚那些犯法违令的人，这要由臣下来遵守。君主在上位，没有术就要被人蒙蔽；群臣在下位，没有法就要出乱子。这两样是一样也少不得的，都是帝王必须具备的统治工具。"

---

① 公孙鞅，就是商鞅。本是卫国庶出的公子，因为与卫侯同姓，所以称公孙鞅，也叫卫鞅。后来到秦国帮助秦孝公变法，封在商，号为商君，又叫商鞅。

【解析】

申不害与商鞅各有所重，韩非子则是集大成的人物，所以主张行法用术，相互为用。由《定法》所下的定义看来，法与术原是相对的名词：法是公开的原则，是臣民所奉行的；术是私密的权谋，是君主独自运用的。法的对象是一般臣民，术却是国君专门用来对付臣子的。

（二）单用法或单用术都不理想

问的人又说："只有术而没有法，或者只有法而没有术，都不行，为什么呢？"

回答说："申不害，是韩昭侯的辅佐大臣。韩国是从晋国分出来的国家。晋国旧有的法律还没有废除，韩国新的法律又产生了；前代国君的法令还没收回，后代君主的法令却又颁布下来。申不害没能划一法令，专行一种，奸邪的事就增多起来。所以，韩国的臣民看到旧法和前代法令对自己有利时，就依从旧法和前代法令；看到新法和后代法令对自己有利时，就依从新法和后代法令。新旧法律往往相反冲突，前后法令往往相背矛盾，那么，申不害虽然花了十倍的心力辅佐韩昭侯运用治术，奸臣①还可以从中取

---

① 《韩非子》的"奸"指不合法的言行；"奸臣"，指不守法度，做违法事情的臣子。

巧作弊，用花言巧语来为自己诡谲地辩护。因此，申不害凭借拥有万辆兵车的强大韩国，经历了十七年的努力，却仍不能使韩国达到霸和王的地步，这是由于君主虽然在上面运国治术，在官府，法令却没能常常修整的缘故。

公孙鞅治理秦国的时候，设立告奸有赏、诬告反坐[①]的办法，来督责人民据实举报；建立十家或五家互相连保的制度来彼此监视，有奸情不检举，就同样处罚。赏赐优厚而且信用可靠，刑罚严重而且必定施行。因此，秦国人民平时卖力工作，劳累了还不休息；战时追击敌人，冒着危险也不退却。所以秦国国家富裕，兵力强盛。但是，君主却没有方术去辨明臣子的奸邪行为，那么，富强的成果也只是被臣子利用来争名夺利罢了。

等到孝公和商君都死了，惠王即位[②]，秦国的新法还没有败坏，而张仪[③]就利用秦国富强的实力向韩、魏两国求取私利。惠王死后，武王即位，甘茂也利用秦国的国力向东周夺取私利。武王死后，昭襄王即位，穰侯魏冉越过韩、魏的国境，向东攻打齐国，

---

① "坐"是判罪处罚，反坐是拿诬告别人的罪名倒过来处罚那个人。商鞅"设告坐而责其实，连什伍而同其罪"是很有名的政策，《韩非子》原文对照工稳，含义却很繁复。

② 商君即商鞅，前面用公孙鞅，这里变化换了个称呼，也是古人写文章的技巧之一。商鞅本来在惠王即位以后才被杀，这里为了方便，连着孝公一起叙述，不能以辞害义。

③ 张仪，魏国人，秦惠王时做卿相，倡连横的策略分化六国，使六国分别事奉秦国。

经过五年的时间，秦国没有增加一尺的土地，他却获得了陶邑的封地；应侯范雎①进攻韩国，经过八年，也获得了汝南的封地。从此以后，那些秦国任用的执政大臣，都是应侯、穰侯一类的人物。因此，打了胜仗，就使大臣提高了地位；拓广了国土，臣子私人的封邑就建立起来。这都是君主没有方术去考察奸邪的缘故。

商君虽然用了十倍的心力来修整他的法度，群臣反而利用来求取个人的私利。所以，凭借强大秦国的雄厚的国力，干了几十年，仍旧不能成就帝王的事业，那是由于官府虽然努力整修法度②，国君在上位却不能运用方术的缘故啊！"

【解析】

韩昭侯用申不害，十几年之间，诸侯不敢觊觎韩国，是韩国政绩最好的君臣；秦孝公用商鞅变法，奠定秦国富强的基础，是我国历史上政治改革最成功的一次。韩非子举申不害与商鞅的实例，说明韩国安定却不能成就霸王之业，秦国称霸，却不能成就帝王之业的原因，全在于不能法、术并用。层层深入，论据丰富，说理精到，归纳有力。

---

① 范雎，魏国人，以"远交近攻"的计谋说服秦昭王，拜卿相，封在应，称为侯。
② "法虽勤饰（饬）于官"，原文"虽"作"不"，依据顾广圻《韩非子识误》改正。

（三）申不害与商鞅的学说不够完善

问的人又说："如果君主使用申不害的术，官吏执行商君的法，这样就可以了吧？"

回答说："申子的术并非尽善，商君的法也不算完美。申子说过'处理事务，不能超越自己的职权。在自己职权以外的事情，即使知道，也不发言'。处理事务不超越职权，这还可以说是谨守职分；至于职权以外的事情，知道了却不发言，那就是明知别人有罪过也不检举了。君主利用国人的眼睛去视察，所以没有比他看得更明晰的了；利用全国人的耳朵去细听，所以没有比他听得更清楚的了。如今臣子知道某些事情却不发言，那么国君还能凭借谁来做耳目呢？

"商君的法令说：'斩了一个敌人的头，赏爵位一级①；想做官的，就赏给领取五十石（dàn）俸禄的官。斩了两个敌人的头，赏爵位两级；想做官的，就赏给领取一百石俸禄的官。'官职和爵位的升迁与斩敌人头颅的功劳配合起来。如果有一道法令说：'斩敌人头颅的人，让他去做医生或工匠'，那么屋子一定盖不成，疾病也医不好。工匠双手灵巧，有专门的技艺；医生会调配药剂、现在竟然要以斩敌人头颅得功的战士来充当，那是与他的才能不

---

① 秦法："斩一首者，爵一级"，后来成为典故，于是称斩断的敌人的头，就叫"首级"。

相合的。处理官务，是要有智谋和才能的；斩敌人的头，是要有勇气和体力的。让仗恃勇气和体力建立功劳的人，去处理需要智谋与才能的官务，这等于是让以斩敌人头立功的战士充当医生和工匠。所以说：申不害和商君两个人，在法与术方面的学说都还不是很完善。"

【解析】

前段既谈到法、术并用的问题，那么把商鞅的法和申不害的术融合运用，该是合于理想的了；韩非子却借此说明商鞅与申不害的立说仍有缺点，必须依赖自己加以补足修正。由此可见他融会前贤的思想，经过周密的思虑，另有新的体会，因而才成为法家集大成的人物，他的伟大也就在这里，《定法》一篇的高潮也在这里，一则有出人意表的提示作用，再则仍有他强而有力的论辩说服性质。

申子注意到划分职权，忽略了奖励告奸，便不能完全运用无为的方术，也就做不到身居深宫里，却可以明察国境内的种种事情。商鞅的法令有纰漏，为求容易了解，韩非子先用斩首立功的勇士不能做医生与工匠来譬喻，再引入正题，亲切自然，剖析透彻。

如果从全篇的结构来看，几番问答，层次很清楚，组织严密，选材与布局都很有巧思。过去西汉的人写政论常常揣摩《韩非子》，原来有它的道理存在。

三、法的制定

社会变迁，人性自利，韩非子既认定只有法才能维护社会的治安，消除人们过分的私心，法成为治国的最高准绳，它的制定，究竟有哪些原则呢？

（一）法应该成文公布

管子说："在房间里说话，满房间的人都听得到他的话；在厅堂上说话，满厅堂的人都听得到他的话，这样子就可以成为天下的圣王。"[1]

韩非子批驳说："管仲所谓的'在房间、在厅堂说了话，满房间、满厅堂的人都听得见他的话'，这是领袖人物说的，绝不只是一些吃吃喝喝、游戏说笑的话，必定是指的有关重大事物的。做君主的重大事物，不是法，就是术！

"所谓法，是编印好的成文法典，由官府拟定，对百姓公布的。所谓术，是隐藏在国君的内心，用来参合各种事情，暗地里控御臣子的一套办法。所以，法最好是越显著明白越好，百姓才好奉行；而术呢？是不能显现出来，让臣下窥探得到的，君王才好运用来驾驭群臣。

"因此，贤明的君主谈到法令，就连境内最最卑贱的小百姓

---

[1] 管子的话，也见于《管子·牧民》，与《韩非子》引用的大同小异。

也没有听不到的，不仅仅是满厅堂的人而已。国君要是运用方术，就连最亲爱的妃妾、左右侍候的嬖幸近臣也没有人会知道，就是绝不能让房间的人都听了去。管子说的，并不是合于法术的言论哪！"（《难三》^①）

【解析】

本文与《定法》第一段相似，旨在为法术下定义，比较其不同之处。单从法治思想看，法便是成文的、公布的，因此要全民皆知，连最最卑贱的百姓也得了解，所以说：法越显著明白越好。

古代用礼来约束贵族士大夫，用刑来对付平民老百姓。法含有阶级性与秘密性，原是兼含礼与刑而言的。春秋以后，封建制度动摇，法便慢慢有了改进。晋国铸刑鼎，郑子产铸刑书，邓析作竹刑，李悝撰《法经》，商鞅变法，都是顺应时势、突破阶级与秘密性的做法，韩非子集大成，因而有更具体的理论。截至今日，民主法治精神也不外如此。所谓"罪刑法定主义"，便是要依据成文公布的法律才能判定某种罪，该受某种刑罚。

《难三》原文，管子着重在政治家的坦荡胸怀、开诚布公，韩非子却借以发挥法与术的观点。两人着眼不尽相同，这是我们

---

① 《韩非子》有《难篇》，难是辩驳的意思，他选取历史传说中的故事与言论加以辩驳，进而阐说法家治国为政的理论。因为篇幅长，分有一、二、三、四篇，每篇各有若干节。本文是《难三》的第八节，也是最后一节。

应该辨明的。

（二）法应该详尽明白

书籍如果太隐约，那么弟子就揣探它的意思，彼此辩论；法令倘若太简省，那么人民就各执一词，互相争讼①。所以圣人的书籍一定要有明确的论说；明主的法令一定要详尽地列举事例。竭尽个人的思虑，揣摩事情的得失，这是智者也觉着困难的事；根据先前的言论，督责以后的功效，这是愚者也觉着容易的事。贤明的君主掌握了愚者容易奏效的事，不苛求智者也觉着为难的工作②，所以不必操心劳神，不用智虑，国家就能治好了。（《八说》）

【解析】

成文公布的法令，为了避免模棱两可，使百姓钻营漏洞，心存侥幸，失去制定法令的用意，所以必要详尽明白。有关何种状况，将如何断决，必须记载清楚，有关的事例，也应该列举出来。这样百姓有所遵循，官吏执掌法令约束人民，维护治安，也就容易了。

---

① 原作"法省而民讼简"，依据顾广圻《识误》改为"法省而民萌讼"。"萌"即古代"氓"、"民"。
② "不责智者之所难"，"不"原作"以"，据《识误》改正。

（三）法应该因时制宜

人们的天性，讨厌辛劳喜欢安逸，安逸就要荒废本业，荒废本业国家就不能治理，不能治理就混乱，赏赐与刑罚不能通行于人民的，一定灭绝无望。所以想建立大的功效而却难发挥力量的，那么大的功效就不能期望建立呀；想搞好法治，却难改变旧有的规条，那么人民必定混乱，不能期望治理好的。所以治理人民没有一定不变的轨则，只有法才是治理的准绳①。

法令要随着时代的演变转化修整，才能治理得好，政治措施要与时代相宜，才能见出功效。因此，人民朴实，只要用名誉教化奖劝禁约就能治理好；世俗崇尚智虑巧诈，就得用刑罚来维系吓阻，人民才能依从。时代转移，而法令不变更的，一定混乱；智巧多端的人众多②，而禁令不改变的，一定要削弱。所以圣人治理人民，法令跟着时代更换，禁约随着人们的智巧多端而改变。（《心度》③）

---

① "治民无常，唯法为治"，原文作"唯治为法"，依王先慎《集解》改正。
② "能众而禁不变者削"，原文"能众"作"能治众"，王先慎《集解》主张删"治"字。"能"的意思用陈奇猷的解释"智巧多端"比较贯串。
③《心度》是《韩非子》第五十四篇，意思是民心的准则，主张让人民在心里确切了解法令禁约，才是治理国家的根本工作。

【解析】

韩非子是主张面对现实，直接筹谋合宜的政治措施的。时代环境如果转变，面对的问题自然不同，措施也应该修正，才能合宜，也才能看出功效。所以说："法与时转则治，治与世宜则有功。"

韩非子也相信古今环境不同，古人质朴，可用仁义感化；今人智巧诡诈，须用严法约束。"名教"与"刑罚"正是针对不同的对象而设的维系治安的办法。它原本没什么高下好坏，纯粹看合不合宜就是了。

（四）法应该统一固定

喜欢凭个人的私智改变法制，时常用个人的私情扰乱公道，法令禁约随意改变，号令一而再，再而三地变换的，这是可能走上灭亡的征象。（《亡征》①）

一个工人屡次改变职业，一个操作的人专业屡次改换不定，那一定达不到功效。一个人的工作，每天少做个半天，十天累积下来，就少了五个人的工夫。一万个人的工作，每天少做半天，十天累积下来，就少了五万人的工夫。如此说来，屡次改变职业

---

①《亡征》是《韩非子》第十五篇。篇中列举四十七种足以亡国的征象，本文是其中之一。

的人数越多，全部的损失也越大了。

　　大凡法令变更，那么赏罚利害就改变，利害关系改变，人民也就讲求顺应着改变，这一来难免就改变职业。所以照这道理推论：役使群众，交代的事情一再改变，就很少功效；收藏重要的器皿，经常搬移，就容易损坏；烹调小小的活鱼，屡次翻搅，就损害了鱼鲜的光泽；治理广大的国家而一再改变法令，那么人民就苦于无所适从。因此，有道的君主推崇虚静，郑重其事，不随意改变法令，所以说："治理大国，就像烹调小小的活鱼，要清静无为。"①（《解老》②）

【解析】

　　《定法》，韩非子曾感慨申不害不能统一宪令，使奸臣有机会钻营法律的漏洞；《亡征》认定法令随意变更，还会有亡国的忧患，意思是贯串的。

　　前面谈到法令要跟着时代环境有所修正，那是大的原则。一旦修正立法，成文公布之后，就不好无故经常改变，因为法是全国奉行的准则，必须统一固定，百姓才好理解，可以遵行无碍。所以这里谈到不能随意变更法令，与前面法令要顺应时势有所修

---

① 见于《老子》第六十章。
②《解老》是《韩非子》第二十篇，是现存解释老子的最早作品，不过其中仍有一小部分韩非子主观的体会，不全合于本义，这段除"贵静"以外，谈法令不轻易变更，仍是法家的思想。

正，并不冲突，而是先后层次不同。

《解老》这一节援引老子的话来发挥法令不恣意变更的道理，并不完全贴合老子的原意，因为老子并不谈法，他所慨叹的只到礼节的具备为止，这是必须注意的。

（五）法应该易知易行

贤明的君主确立赏赐，都是一些百姓能力范围可以做到的事；设立刑罚，都是一些百姓能力范围可以避免的事。所以，贤能的人受到劝导，努力尽责，得到嘉赏，绝没有伍子胥立功还被杀的祸害。不贤的人努力避免处罚，少犯罪，绝没有硬要驼子剖背[①]的无理要求。这好比瞎眼的人在平地上不致掉到深邃的豁谷；愚拙的人笃守清静的道理，不致陷入危险的境地。如此，君臣上下就能恩义深结于心。

古人说："人们的心很难懂，喜怒很难料得到。"所以，用标记来指示眼睛区别高下；用鼓声来指示耳朵区别音律；用法制来教导心灵裁定功罪。一般为人君主的，抛弃三种容易的方法，而采用难以知晓臣下的好坏、随喜怒变更的心灵衡量。这么一来，国君在上位总是愤怒臣子不肯听从号令，臣子在下位也总是埋怨国君喜怒无常。满怀愤怒的君主管理满心怨怼的臣子，那是多么

---

① 驼背是天生的，他自己也不想驼背。无道的君主让驼背的人受剖背的刑罚，便是设立人们能力上避免不了的处罚，不近情理，故意为难百姓。

危险的事？

　　贤明的君主所设的标记容易看得懂，所以他的约法可以成立；他所设的教示容易知晓，所以他的话有作用；他定的法制容易实践，所以号令通行。三样确立了，在上位的没有私心，那么在下的群臣可以照着法令去治理百姓。这好比行人看了标志就知道上下进退，木匠跟着绳子量直的黑线动刀砍，裁缝师照着剪裁好的衣样动手缝。这样子，在上位的不致不按法令，私自行罚；在下的小吏依法办事，也不致因为愚拙而受到诛杀。在上位的贤明少生气，在下位的尽忠而少犯罪。

　　要是人主立了些百姓很难实践的法度，而对于能力不及的人民也毫不留情地加以处罚，臣子有长处不能施展，又得勉强做些自己做不到的事，那就无形中结下了怨恨的因子。臣下辛勤劳苦，国君不加以安抚劝慰；臣下忧伤悲愁，国君也不加哀怜；高兴的时候就赞誉小人，贤与不贤都赏赐；愤怒的时候就诋毁君子，使得清廉的伯夷和犯案的盗跖同样受辱。所以臣子们便有背叛国君的意图了。(《用人》[①])

【解析】

　　韩非子主张顺着人的性情来设立赏罚。人因为有自我打算的心理，趋赏避罚，因此可以利用赏罚来达到奖劝与戒止的作用，

---

①《用人》是《韩非子》第二十七篇，谈君主用人的一些原则与技巧。

但是它必须是容易了解也容易实践的，否则便失去意义了。

韩非子了解君臣之间有利害冲突，所以主张国君要凭一定的标准来用人行政，立法能顾及臣民易于理解、易于实践，便可以使上下关系谐和，达到巩固统治的目的。过去很多人都以为秦始皇的暴政是法家学说造成的，其实韩非子既主张立法要易知易行，便不可能是苛刻的了。

四、法的实施

（一）法是一切行动的准则

英明的君主要求他的群臣，不能在法令范围之外，凭个人的私意随意加罪；不能在法令范围之外，凭个人的私意随意赦免。一切施赏行罚，没有不照法令去做的。严格的法令，是用来禁止犯过，摒弃私情的①；严格的刑罚，是用来贯彻法令，惩戒臣下的。

灵巧的工匠，虽然凭着眼睛看就约略可以猜测合乎准绳，但他仍是要用画方圆的规矩做法则；上等的智者，虽然凭着他的敏慧可以行事合乎规定，但他仍是要拿先王的法则来做个比例。所

---

① 原文作"法所以凌过游外私也"，依据陈启天《校释》改为"峻法所以禁过外私也"。

以，绳墨拉直了，歪曲的木头就要砍掉；平准器摆平了，高出来的凸处就得削去；称重量的权衡高高悬起，重的就得减少，加到轻的那边去；量容量的斗石设置了，多的就得移向少的。因此，用法治国，不过是合法的就做，不合法的就不做，如此而已。

法令绝不因为权贵而枉曲附从；绳墨绝不因为曲木而绕弯回直。法令所加，聪明的人不能多加言辞，勇敢的人不敢争议。处罚犯过错的人，即使是权贵大臣也不避嫌；赏赐行善事的人，即使是平凡的个人也不忽略。所以矫正君上的过失，穷究臣下的邪行，整顿混乱的局面，理平缠结的问题，多余的加以裁割，不足的加以填实，齐一人民行动的轨则，没有比法制更好的了。(《有度》)

【解析】

规矩、绳墨、平准器、权衡，都是一种标准的测定器具，韩非子用来比喻治国的法度；主张拿客观公平的原则做全国奉行的准绳，一切行动有依据，官吏执行法令也得遵照法令。如此一来，行恶的人身份再特殊，也不能利用权势，逃离法网；普通小民有了善行，依法照样领赏。相对的，只要守法尽本分，法便是全民最大的保障，谁也不能任意诬陷加害，这是多么可贵的思想。

（二）法律面前人人平等

晋文公问狐偃①说：“寡人把美酒好肉遍赐堂下的群臣，只留一杯酒、一盘肉在官里自己吃。酒才酿好，来不及等它澄清，就分赐给人；牲口才杀了，就煮了请人吃，一块生肉也不剩。我杀了牛，也不独自享用，一定遍赐满城百姓；一年内女同胞们所裁制奉献的衣裳，全赐给部队里的官兵子弟穿。像这样子，足够差遣人民为我作战吗？”

狐偃说：“还不够。”

文公说：“我放宽重要关口与大城市的税收，减轻刑罚，是否就足够让百姓听我差遣，为我作战呢？”

狐偃说：“还不够。”

文公说：“老百姓有守制服丧的，我派郎中去吊问；有犯罪的，我赦免他；贫穷不能生活的，我周济他。这样就足够让百姓听我差遣，为我作战吗？”

狐偃说：“不行。您的一些方法都是让百姓能顺应自然，有更好的凭借可以生存。如今，却要他们去作战，那是违逆自然，要随时冒险、不惜牺牲的，这就不是他们最初追随您的意愿了。”

文公沉吟半晌说：“这么说，我的法子还行不通。请问究竟要怎么做才能让百姓听我差遣，为我作战呢？”

---

① 狐偃，字子犯，文公的舅父，又称舅犯，跟随文公流亡十九年，功劳最大。

狐偃说："很简单，要使他们不得不为国君奋勇作战。"

文公说："怎么样能使他们不得不为我作战？"

狐偃回答说："该赏赐的确实赏赐，该处罚的必定处罚，大致就可以让百姓为您作战！"

文公说："刑罚的极致到什么境界？"

回答说："法的行使要公平，即使亲贵与您所宠爱的人犯法，您也不能避嫌，要照样处罚。"

文公说："好！"

第二天，文公下令到圃陆猎猪，约好中午集合，过期不到的，要以军法处分。结果，文公喜爱的一个叫颠颉的人，过期才赶到，执行的官吏请求按罪处罚。晋文公流泪，心里很忧伤。官吏说："请照法令做吧！"于是把颠颉腰斩示众[1]，表明法令的确实必行性。从此以后，百姓都敬畏法令，不敢随便，大家都说："国君对于颠颉，那么爱护，那么看重，他犯了法，还是按照法令判刑杀了。我们与国君一点关系也没有，还是安分守法的好！"

文公看百姓都能听从法令，可以让他们作战了，就发兵攻打原城，攻下来了；讨伐卫国，破坏了卫国的田亩，攻取五鹿城；攻打阳樊，胜了虢国，讨伐曹国；向南围攻郑，拆了围墙上瞭望用的矮墙；解了宋国的危机，掉过头来和楚国人在城濮作战，大

---

[1] 原文"斩颠颉之脊"，腰斩的犯人伏在锧（刑具）上，所以说"斩脊"。颠颉的事，和《左传·僖公二十八年》所记不同。

败楚国部队。班师回到践土，兴筑王宫，迎接周王，会盟诸侯，共尊天子；在衡雍与郑伯结盟，把楚国的俘虏献给周王。总之，晋文公一发动军队，便接连建立八样功劳。他之所以能如此，没有别的原因，不过是听从狐偃的计谋，严格执行刑罚，借颠颉被腰斩的事例，让百姓知所警惕，能听令从法就是了。(《外储说右上》)

【解析】

本文记叙晋文公称霸以前，与舅父狐偃研究"如何才能够差遣人民作战"的问题。几经磋商，狐偃告诉他应该做到"信赏必罚"，做到"不辟（避）亲贵，法行所爱"。文公听从狐偃的建议，结果借颠颉犯法，忍痛按法处刑，让百姓了解法的严肃性以及绝对贯彻性，于是个个谨慎守法。这种精神运用于作战，终于让文公一举称霸。

"不辟（避）亲贵，法行所爱"，强调的正是法的平等精神。法的规定必须配合贯彻实践，否则有再好的法制都没有用；君主也必须有施行法治的决心，不因个人的私情，或者亲贵旧势力的影响有所改变。因为法治精神的可贵，就在于打破以往贵族封建社会的阶级性，法律之前，人人平等，这种进步的思想，正是法家因时制宜得来的精华。随着人类不断的进步，平等的精神更代表了文明。

前文"处罚犯过错的人，即使权贵大臣也不避嫌；赏赐行

善事的人，即使是平凡的个人也不忽略"，以及"明法去私"之

（四）楚王责备太子守法，也是平等精神的讲求，可以参考。

（三）法的普遍性与绝对性

圣人治国，不敢冀望百姓能受我善德的感化，却要用一套法制来约束他们，使他们不敢为非作歹。冀望百姓能受我德化，在国境之内找不到十个人；用法约束他们不敢为非作歹，那就可以使全国人号令齐一。处理政事的人，要运用一套对多数人有效的办法，而不用只对少数人有效的办法，因此，英明的君主不讲求德化，而要讲求法治。

打个比方来说：一定要靠天生就笔直的竹子来做箭干，一百代①也做不成箭；一定要靠天生就浑圆的木材来做车轮，一千代也不会有车轮。天生就很直的竹子或很圆的木材，经过一百代也不见得出现过一次。但是，世界上的人都有车子坐，都有箭射飞鸟，究竟是什么缘故呢？这是因为采用了矫正弯曲竹子和木材的器具。虽然偶尔也有天生就很直的竹子、很圆的木材，但是好的工匠并不看重它！为什么呢？因为坐车的不止一个人，射箭的也不止发一支箭。虽然也有不必依靠赏罚、奖劝、禁止，就能自己做好的百姓，但贤明的君主并不看重他，为什么呢？因为国法是不能没有的，要管理的也不只是一个人。所以，有道术的君主，

---

① 世，指三十年，父子一世大约三十年。百世、千世，是泛指相当漫长的岁月。

不采取德化，追求偶然一见的善行，而要施行必定有效的法治。（《显学》）

【解析】

这里是说讲求法治不用德化的理由，是由于政治是广面的，必须要求普遍与必然的效果，对象是全体民众，而不是少数优秀善良的人。德化只有局部性、偶然性的功效，法治却可以齐一全民的言行，也可以要求民众必定奉行法令，相较之下，仍以法治切合实际需要。

韩非子并没有否定道德，只是冷静地考虑到不能仰赖道德；他不否认有许多善良的人民，但政治的对象是全部民众，就得顾及各种各样的人。因此他主张法治的原因，除了时势演化，必须因应制宜之外，法治能达到普遍与绝对的效果，也是重要的因素。

各位试看"良心伞"有去无回，伤透善心人的善心，便可以了解完全依赖德化，事实上确有困难。人应该有崇高的理想，教化百姓是根本之计；但面对现实，理智的抉择，要采用法治才是周全的对策，这是韩非子相当难得的智慧。

（四）用一座城市去引渡一个逃犯

卫嗣公的时候，有个判了徒刑的囚犯逃到魏国去，因为某种机缘，就替魏襄王的王后治病。卫嗣公打听到消息，派人交涉，要求花五十金引渡那个囚犯。去了五次，魏王都不答应，最后卫嗣公就用左氏城做交换条件。群臣左右都来劝谏，说："拿一座城市去换回一个逃犯，划得来吗？"

卫嗣公回答说："这不是你们所能懂的。谈到治国，任何小事都得谨慎处理，混乱往往就由小事演变造成的，并不一定起因于大事。法制不能确立，诛罚不能必然施行，即使有十座左氏那样的城市，也没有益处。如果法制确立，诛罚能必定施行，即使失去十座左氏那样的城市，也没什么害处。"

卫嗣公这一番话传到魏王那里，魏王说："卫国的国君有意好好治国，我却不让他这么做，这是不吉祥的事。"于是用车子载了那个判了徒刑的逃犯到卫国去，无条件地把犯人献出，也不取任何引渡费或城市了。(《内储说上》)

【解析】

卫嗣公为了维护法的尊严，希望赏罚能必然施行，不惜用一座城市去交换一个囚犯。引渡囚犯的事情虽小，以国家最高准绳的法来说，就是一件大事，因为事关全民未来守法奉法的问题，也是影响政治安定、国家强盛的问题。难怪说，即使十个左氏城，能换得全民守法守纪，法的尊严可以维护，还是值得的。

(五) 诉诸理智得用法治

古代和现代的社会风俗不同，新时代和旧时代也应该采取不同的政策措施。如果要用宽大和缓的政策去治理纷乱时代的人民①，就好比没有马络头、马鞭子却要驾驭凶悍不驯的野马，这是不明事理的害处！

现在儒家、墨家都说："先王普遍爱护人民，对待人民就像父母对待子女一样。"②怎么知道是这样的？他们这样说："大司法官执行刑罚的时候，君主停止奏乐；听到判决死刑的报告，君主难受得掉眼泪。"

这就是一向所举的先王爱民的事例。假如以为君臣关系能够像父子关系那样亲密，国家就一定治理得好；照这样推论，那必须是父慈子孝，天下没有不慈不孝的父亲和儿子了。人的性情，没有比父母爱子女更真挚的了，父母都爱子女，然而家庭未必都和谐快乐；那么君主虽然深爱他的臣民，哪能就不生叛乱呢？先王对百姓的爱，不见得胜过父母对子女的爱，子女未必都能尽孝，那么国君即使深爱人民，人民哪能就都治理得好呢？

再说按照国法执行刑罚，君主因此流泪，这只是表现了君主的仁慈，却不是治国的办法。流泪而不愿意用刑罚，这是君主的仁慈；然而事实上却不能不用刑罚，这是国家的法律。先王理智地把国法放在前头，不曾顺个人仁慈流泪的情感随意赦免③，由此

---

① 原文"急世之民"，"急世"指紧急纷乱的非常时期，韩非子处于战国末期的"急世"，他的学说就是因应急世而构想的。

② 原文"先王兼爱天下，则视民如父母"，可依陈奇猷《集释》加"之视子"三字，意思较明显。

③ 原文"先王胜其法，而不听（tìng）其位"。

可见，仁慈不能用来治国是很明显的。(《五蠹》)

【解析】

这里提出法治比仁治实际的理由：

第一，基于历史进化，因应时局的理由，认为当代环境已不同于古代，紧急纷乱的非常时期，人们谲诈复杂，绝不是宽大和缓的政策可以治理得了的。第二，仁治的大前提，必须肯定人可以德化，父慈子孝，家家和乐，再推广家庭爱为君臣之爱；问题是政治是普遍而又绝对的治理，父子之情却不一定和谐，君臣关系也不见得就能完全和父子关系一样。第三，韩非子用儒、墨两家的言论来反击两家的学说，用他的术语，叫作"以子之矛，攻子之盾"。

先王虽然心中不忍见到臣民被判刑罚，甚至难过得吃不下精美的食物，听不进悦耳的音乐，眼泪流了下来，但毕竟这是私人的怜悯之心，为维护国家的法纪，先王还是理智地让执行刑罚的官吏去处决犯人。这是强调人情不干扰法纪，公理与私情必须分明。由此可见，为政的人必须冷静、客观而又公正，法治的作用在这方面远较仁治切实。

(六) 便民长利得用法治

古时候有句俗语说："处理政事就像洗发一样，虽然洗的时候总要掉头发，还是一定得洗。"如果爱惜掉头发的损耗，忘了滋生新发的利益，那是不知道权宜应变的呀！

用石针刺脓疮治病，会觉得很痛；吃药会觉得很苦，若是为了怕痛怕苦[1]，就不用针刺，就不吃药，那身体永远好不了，病永远控制不住。

一家人经营产业，彼此都能忍饥耐寒，辛苦勤劳，互相劝勉；即使遭遇兵灾、饥荒，能够有温暖的衣服穿、有美好的食物吃的，一定是这家人家了。拿好吃好穿的互相怜惜，以安逸娱乐来互相示惠；一旦遇到饥荒年岁，把妻子嫁了，把儿女卖了的，必定是这户人家了。所以，行法的道理是：初时痛苦，而长久有利益；行仁的情形是：苟且佚乐，而终究窘迫不通。圣人权衡轻重，为求得重大的利益[2]，因此采取法治忍痛施威、刻苦历练的方式，而抛开仁治那种怜民姑息的手腕[3]。（《六反》[4]）

【解析】

人性自利是韩非理论的基础，这里提及为政者可以运用智慧，引导人们放宽眼界，不只是注意眼前短暂的利益，还得为长远的未来福利着想。为了未来的永久利益，即使现实中承受一些痛苦

---

① "为苦痛之故"，原本"痛"作"惫"，依松皋圆《韩非子纂闻》校改。
② "求其大利"，乾道本作"出其大利"。
③ "弃仁指相怜"，原文"仁"下有"人"字，依顾广圻《韩非子识误》删。
④《六反》是《韩非子》第四十六篇。首段提及国家的赏罚与私人的毁誉，有六种相反矛盾的现象，因而用作篇名。篇中谈的都是赏罚的道理。

与磨炼，还是值得的。如果只顾眼前安乐，随波逐流，终究会遭受淘汰，那时就悔不当初了。

处理政治就像洗头发一样，总会有所扬弃；也像治脓疮、喝苦药一样，总得忍受苦痛。这比喻人们为了长远的利益，也必须接受历练，其实做任何事情都得经过相当的煎熬才能成功，不是吗？

（七）厚赏重罚

大凡赏罚有必然作用，那就是奖劝善功和禁止奸行。赏赐优厚，百姓便急切地要得到自己想建立的功绩；刑罚严重，百姓便急切地要戒止自己所嫌恶的奸行。凡是想获得利益的，必定厌恶损害。损害是利益的相反，对于自己所欲的事相反的，怎能不嫌恶？希望安定的人，必定厌恶混乱，混乱是安定的相反。所以，真正想要安定的，他的赏赐一定优厚；非常厌恶混乱的，他的刑罚必定严重了。

严重的刑罚，并不是针对罪人一个人而发的，那是英明君主的法度必须如此。杀一个杀人越货的凶手，不是为了惩罚他而已，如果只是惩治所杀的这个人，那是惩治死人了；惩办一个窃盗的小偷，不是为了惩办他而已，如果只是惩办所罚的这个人，那是处罚一个犯轻罪的苦役了①。所以说：重办一个犯罪的奸人，而遏

---

① 盗与贼，古今的意义正好相反，古人的"贼"，有害人夺财的意思，相当后人的"强盗"；古人的"盗"，原本就是偷窃，相当后人的"小偷"、"贼"。这由文字构造上就能看出原始的意义。

止了境内所有的人做坏事，这正是能使社会安定的方法；严重处罚的是小偷与抢劫的凶手，因怜惜而警戒、惕励的是一大批好百姓。有心要国家治强的领袖人物，何必犹豫该不该用严重的刑罚！

给予优厚的赏赐，不仅是奖赏这个人的功劳，而且是奖劝全国人都效法着去做好。接受赏赐的人乐于得赏，没受赏赐的羡慕受赏者的功业，这等于是酬偿一个人的功劳，而奖励了全境内的民众。有心要国家治强的领袖人物，何必犹豫该不该用优厚的赏赐！

如今不了解政治的人都说："重刑伤害人民。轻刑足够遏止奸行，何必用重刑呢？"这是不明察治道的说法呀！用重刑可以阻止得了的犯罪行为，轻刑就不一定能有效地遏止；轻刑可以有效阻止的罪行，施用重刑照样能有效防止。所以在上位的人设置重刑，而奸行就完全没有了，奸行完全消迹，那对人民还有什么伤害呢？

所谓重刑，是让奸人觉着犯罪所得的利益小，而在上位的人加给他的刑罚重大，人民不愿意因为微小的利益，被科加重大的罪罚，所以奸行一定可以消除。所谓轻刑，是让奸人觉得犯罪所得的利益很大，而在上位的人加给他的罪罚却轻微，人民贪慕重大的利益，小看犯罪的事，所以奸行不能遏止。

古代的先圣有个谚语说："一个人不在高山上跌倒，而在小土堆上摔跤。"山，看来高大，人们登山的时候就谨慎小心；土堆，看来微小，人们就轻忽大意。现在采取轻微的刑罚，人民必定轻忽大意，多犯过错。如果人民犯了罪不诛罚，法禁便失去了效用①；要是犯了罪就照法令诛罚，那等于是给人民设了陷阱。所以说，轻刑等于人民的"土堆"呀！因此，轻刑的说法，不是扰乱国家，就是为人民设陷阱，那才是真正的伤害百姓了。(《六反》)

【解析】

赏罚是法的两大项目，它的作用在劝善、禁恶，究竟如何才能达到这两个目的？除了必定施行之外，韩非子认为厚赏才足以劝善，重刑才足以止奸。

儒、墨两家都主张轻刑，韩非子也顺便比较讨论。他认为，重刑目的在止奸，只要不犯法，重刑对善良百姓反而是保障，因为重刑对盗贼有吓阻作用。至于疑虑"伤害人民"，他主张为维护整个社会治安，必须讲求有效的具体办法，如果重刑比轻刑更能有效地消除奸行，便应采行。由解说、譬喻，再归结到"轻刑反而伤民"的论断，读者可以看出韩非子理到辞达、活泼犀利的特色。

两千多年后的今天，民主法治的社会，自由繁荣，但仍有不少人为一己私利而窃盗、抢劫。学者们常研究犯罪因由，似乎已不完全是为了饥寒，往往是由于轻刑缺乏吓阻力量。相对的，新加坡为了维护社会纪律，对于吐痰、超车、违规等行为，采取相

---

① 原文"是驱国而弃之也"，是说加速了国家的灭亡。灭亡的因由就在于治国的最高准绳——法禁完全失去效用，混乱不安。

当数目的罚款，收到很好的效果；国人有车阶级可以沿途抛丢垃圾，美国人却各个在车内备好垃圾筒，为的是美国人有重罚，我国却罚责较轻，并且没人取缔。由此看来，韩非子的理论仍有值得我们参酌取用的价值呢！

（八）吴起攻秦亭——说赏就赏

吴起是魏武侯西河地方的守将，秦国有个瞭望用的小亭子，紧临西河边境，吴起想把它攻下来。要不把它攻下来，对种田很有害处；把它攻下来吧，亭子太小，又不够理由征调国内的军士。于是，吴起拿了一个车把子斜靠在北门外头，下命令说："要是有人能把这车把子移到南门外头，赏给他上等的田地、上等的房屋。"人们犹豫得很，没人去移动。好不容易，有人鼓起勇气把它移过去了，吴起立即照诺言赏赐。不久，又在东门外头摆了十斗的红豆，出布告说："要是有人能把这些红豆搬移到西门外头的，照起初的约定一样赏赐。"人们争着去搬移红豆。

吴起看看时机成熟了，就下命令说："明天就要攻打秦国那个小亭子，谁要是能先攀登上去的，让他做大夫的官，赏给他上等的田地和房屋。"于是人们抢着去攻击小亭子，一个上午就攻下来了。(《内储说上》)

【解析】

这个故事，和商鞅起初变法，要让秦国百姓了解令出必行的做法，有些相像。吴起是兵家，他运用令出必行、说赏就赏的信用，鼓舞士气，重赏之下必有勇夫，果然达到攻取秦国瞭望亭的目的。赏的作用还真不小。

（九）越王试炼人民救火

越王问大夫文种说："我想讨伐吴国，你看行吗？"

文种说："可以了。我们赏赐优厚而又确实不误，刑罚严厉而又必定实行，那是不成问题的。您要是想了解情况，为什么不试着焚烧官室？"

于是放火烧官室，没有人去救火。越王就下了命令说："人民救火的，要是死了，比照杀敌战死同样的赏赐；救火而不死的，比照战胜敌人同样的赏赐；不救火的，比照战败降敌同样的罪罚。"

百姓用防火伤的药物涂抹身体，穿起沾水湿的衣服，而奔赴火场救火的，左边有三千人，右边也有三千人。由此了解，赏罚运用得合宜，真是掌握了绝对胜利的条件哪！（《内储说上》）

【解析】

越王生聚教训是耳熟能详的事。要讨伐吴国，看看人民能不能奋勇作战，文种教他，只要试试赏罚的效用就够了。这综合了"厚赏重罚"与"信赏必罚"，一则是程度的深重，一则是贯彻性的肯定。救火成了勾践试炼人民的演习，越王能报仇雪耻，确实是全体君民奋励自强的结果，也是赏罚见效的明证。

（十）罚比赏管用——鲁哀公救火

鲁国人为了打猎方便，放火烧了积泽①。当时正刮北风，火势向南移动，渐渐不能控制，久了只怕就要烧到都城②了。哀公很惶恐，自己带领众人赶去救火。到了火场，左右一个人也不见，全都追逐野兽去啦！而火势越来越大，竟一时扑灭不了。

于是，哀公召见孔子③，问他可有什么妙法可以解决问题？孔子说："追逐野兽的人开心有趣，却没有处罚；救火的人辛勤劳苦，却没有奖赏。这就是火扑救不了的原因哪！"

哀公说："你说得很有道理。"

孔子说："事情紧迫，来不及奖赏。如果救火的人都赏赐，那么全国的财货都不足够用来赏人，请您单单行使处罚的大权就够了。"

哀公说："好！"

孔子就下命令说："不救火的，比照投降敌人的罪过一样处罚；追逐禽兽的，比照私入禁区偷偷打猎的罪过一样处罚。"命令还没有传遍各地，大火已扑灭。(《内储说上》)

---

① 古代打猎时放火烧山泽，禽兽往往因此惊慌逃窜，便可以猎获许多动物。
② 原文"恐烧国"，"国"，可指"城中"、"城郭中"，也指"都城"。哀公临场指挥，该是都城比较合宜。
③ 韩非子称孔子，多数用他的字"仲尼"。他所选的孔子言论，都是合乎他需要的议论。

【解析】

赏与罚本来是施行法治的两大项目，应该双管齐下，同时并用，使百姓由趋利避害做到效善除恶、人人守法，国家就能安定强盛。但如果处于紧急状态，赏无从赏起，单单用罚，倒也可以收立竿见影的功效。这段文字谈到鲁哀公用孔子建议，光用罚的方法，果然很快就扑灭火灾，挽救急难，权宜措施，很耐玩味。

孔子曾经当过鲁国的司寇，也就是大司法官。儒家学说重视德化，但也并没有说完全不用刑罚，《易经》就说："先王用严明的刑罚来整饬法纪。"因此，韩非子这段故事写来入情入理。不过，《韩非子》中选用的有关孔子的资料，多数是韩非子认为足够用来说明自己政治理论的资料，像这一段是正面意见相合的，像《难》篇里就有许多是牵扯到儒家与法家相异的基本观点，他再进一步批评并提出自己的看法。这种情形我们应该辨别清楚。

（十一）重刑有理——弃灰断手

殷朝的法令规定：谁要是把烧饭剩下的火灰①倒在公众行走的大路上，就要砍断他的手。子贡认为罚得太重了，去请问孔子，

---

① 古人烧饭用木柴，剩下的灰烬，还有余温，甚至还有火星，随意丢弃在大马路上，光脚或穿了草鞋（古人没什么皮鞋呀）踩上去不得了。如果灰尘播扬，吹入眼里，也是很难受的事。

说:"丢弃火灰的罪过轻微,砍断手的刑罚苛重。古人怎么这样忍心呢?"

孔子解释说:"殷人懂得统治人民的道理呀!丢弃火灰在大马路上,火烬可能烧灼过路人的脚,火灰被风吹扬,会遮蔽过路人的视线。一旦烧灼路人的脚,或火灰吹到路人的眼里,路人一定发怒,发了怒难免要动手打架。这一打架,说不定家族与家族互相袒护,就要成为大规模的家族械斗,整族父子孙三代互相残杀①,那才严重呢!从这后果看来,随便倒弃火灰简直是使家族互相残杀的原因哪!即使把那人砍了手,也是可以说得过去。再说,严重的刑罚,是一般人都嫌恶的;而不随意丢弃火灰,是一般人容易做到的。让人民做些容易做到的事,避免遭遇许多不必要的祸难,这正是统治人民的道理呀!"(《内储说上》)

【解析】

这里利用孔子向子贡解说殷人重罚的理由,韩非子提出不惜重刑的理论。

儒家讲究德化,肯定人的善性,相信可以学为尧舜,因此,对于犯罪的人,总顾念给予新生的机会,主张轻刑。子贡是孔门

---

① 古代农业社会,家族观念很重,同族的人往往住在同一个村落,齐心同力,守望相助。偶然也为某件小事,全族的人与另一族人械斗,弄到最后,甚至不知为何两族人互相仇杀呢!

善应对能发问的好学生，他便以为"弃灰断手"刑罚太重。孔子的那段解说，其实是韩非子冷静的思虑所表露出来的智慧。弃灰虽是小事，缺乏公德，可能引起的祸害却很大，由后果论行为，应该遏止这样自私图便、不顾公德的坏习惯，所以宁愿用重刑来吓阻。谁也不想被砍断一只手，那简单，不倒灰烬就好了，这是很容易做的事啊！

在中东、阿拉伯国家有些回教传统的刑罚，譬如：小偷被捉到，也是砍断手。这和"弃灰断手"一样，都是针对犯罪时发生问题的"手"来惩罚，这种"以牙还牙，以眼还眼"的原始野蛮做法，当然在现代社会不一定适合采用，汉文帝的时候就已经废除肉刑了呢！但是，沙特阿拉伯仍然用这一个刑法，他们相信它的吓阻作用，而严刑的立意也仍然是值得我们深思的。

（十二）毁誉应与法令一致

儒生凭借着学术扰乱法律，侠士①凭借着武艺触犯禁令，但是国君都礼遇他们，这就是混乱的原因哪！违背法律的要加罪，但那些先生②们却凭借扰乱法律的学术被尊重录用；触犯禁令的要诛罚，但那些侠士们却凭借着触犯禁令的剑术博取君主的供养。法律所排斥的，竟然是君主所取用的；官吏所要诛罚的，竟然是君

---

① 侠士，原文"侠"，指墨家一个学派，讲气节，用于贯彻行为，不惜触犯禁令。
② "先生"，指"儒"，儒生讲授学术，有先生与弟子的师徒关系。

上所供养的。这样子，即使有十个黄帝，也不能把国家治理得好。

斩杀敌人头颅的，可以接受赏赐，但君主却又推崇仁慈惠爱的私人品行；攻取城池的人，可以接受爵位俸禄，但是君主却又信服兼爱非攻的学说；坚韧的铠甲与锋利的兵器，是让民众准备着用来防备国难的，但君主却又讲究朝服大带的文人装饰；使国家富足要依靠农夫，抵抗敌人要依靠战士，但君主却又尊崇讲习学术的人；贬抑那些尊敬君主、敬慎守法的人，豢养游侠、剑客一类的人。措施和行动像这样子，要想求得国家安定强盛是不可能的。国家太平的时候，供养一批文人、侠士，国难来临的时候却要用一批穿铠甲的士兵。平时所惠养的不是急迫需用的人，急迫需用的人又不是平时所惠养的人。因此，从事耕战的人，对于本位工作就苟且懈怠，而游侠、文士却一天天地增多，这就是国家纷乱的原因。(《五蠹》)

【解析】

本文强调：君主贯彻法令上的赏罚，私下对于各种人士的推尊和贬抑，一定要与赏罚一致。如果法令上该赏的，却加以贬抑，该罚的却加以推崇，法令就不能贯彻了。

韩非子反对儒墨两家学说，前面提过是基于历史进化必须因应制宜和国家要讲求实力不能再空谈仁义等两个理由。这里所谈的，则是由于"法"的问题了。儒生与侠士，一个扰乱法律，一个触犯禁令，在法的尊严性说来，简直"罪大恶极"，因此，韩非子反对国君礼遇这两种人。

从法令规定来看，要奖励耕战之士，偏偏君主私下礼遇的却是与耕战富强政策相抵牾的一些人。这样不仅不能奖励农夫、战士努力生产、奋勇杀敌，他们得不到重视，还可能因循苟且、懈怠下来，那国家就要纷乱不安了。这也是功用的观点，可以参考前文。

五、法的教育

韩非子认为法治的教育效果远比爱的教育大，因而归纳出切合实用、严刑厚赏等政治学说。

（一）人民惧怕威权服从法令

现在有个不成材的儿子，父母亲怒骂他，他不悔改；乡里中的长辈[①]申斥他，他毫不动心；老师教诲他，他也不转变。父母的钟爱、长辈的德行、师长的智慧，三方面的善意加在他身上，终究不能动摇他一根汗毛。州衙里的官吏领着官兵，援引法令来搜查奸犯，他才惶恐畏惧，改变他的旧习气，变换他的旧行为。

---

① 原文"乡人谯之"，《礼记·乡饮酒义》乡人即乡大夫，是乡中长者。古代农业社会，往往同族住在一起，乡里中长辈多数有威望，训斥同乡子弟很管用。

所以父母的爱不足够教好儿女，必须依靠官府执行严厉的刑法，这是因为人民本来是受到慈爱就骄纵，惧怕威权就服从的。

因此八丈高的城墙，连楼季①也攀不过去，因为墙太陡了；千丈高的山，跛足的牧羊人②也容易上去放牧，因为山坡的坡度平缓啊！所以英明的君主总是立法严峻，行刑严厉的。见了一丈六尺长的布匹，一般人都舍不得放弃；在炉里熔化着的两千四百两黄金，盗跖也不会拾取。不一定会有害的，便不放弃十几尺的布；一定会烫伤手的，便不拾取两千四百两黄金。所以英明的君主一定执行严厉的刑罚。因此，奖赏最好是赏得优厚，而且该赏的一定赏，使人觉得有利可得；刑罚最好是罚得严重，而且该罚一定罚，使人民真心畏惧；法令最好是统一而固定，使人民能有明确的认识。所以，君主施行奖赏不随便变更，执行刑罚不轻易赦免。荣誉辅助奖赏发挥作用，毁辱跟着刑罚配合使用③，那么不论贤能与不贤能的人都会尽力去办事了。(《五蠹》)

【解析】

这段文字，谈到不成材的少年教育问题，爱心不能感化，法

---

① 楼季，古代的勇士，是魏文侯的弟弟。
② 原文"跛牂易牧"，尹桐阳《韩非子新释》："牂"通假为"臧"，是奴仆、牧奴的意思。
③ 原文"誉辅其赏，毁随其罚"，誉，赞扬、揄扬等；毁，贬抑、斥责等。一荣一辱用来与赏罚配合运用。

令的威吓才能使他改变习气，纠正行为。换句话说：韩非相信，藉由训练人民守法，可以达到教育功效。也从这个观点他推论出重要的赏罚理论："赏莫如厚而信，使民利之；罚莫如重而必，使民畏之；法莫如一而固，使民知之"，"誉辅其赏，毁随其罚"，都用对仗工稳的句式，有力地提出自己的重要主张。

他的目的在于让全体民众，不分贤不肖，都能为国尽力。既是以广大的全体民众为对象，特殊分子的问题也必定要有处理的方案。所以，我们不能说韩非子反对爱的教育，否定爱的教育，应该留意他是要照应"普遍"与"绝对"的性质，那就非用法治不可了。

（二）爱心不能完全解决问题

一个慈爱的母亲对于幼弱的孩子，她的爱心无微不至，没有任何人可以比得上。但是孩子要是有邪僻不正的行为，她就得让他跟随老师学习；患了恶性疾病，就得让他访求医生治疗。如果不追随老师学习，就要陷身刑罚；不访求医生治疗，就有可能病死。母亲虽然深爱儿女，却没办法帮助他由刑罚中振作，由疾病中康复。这么说，真能保全孩子的，并不是母亲的爱心哪！

儿子与母亲之间的天性，是爱；臣子与君主之间的权谋，是算计。母亲不能用爱来保全家庭，君主怎能用爱来保全国家呢？英明的君主能通达如何获致富强的方术，就可以获得自己想要的一切了。谨慎听理政治，正是国家致富图强的方法。明确规定国家的法律禁令，细察研究国家的重要计谋。法令明确，那么在内没有变乱的忧患；计谋得宜，那么在外也不会有杀身被掳的祸害。

由此看来保存国家的不是仁义。仁，是慈爱惠施，看轻财货；暴，是心情冷酷，轻易诛罚。慈爱惠施，就不忍心；看轻财货，就好施与；心情冷酷，就对臣下表露憎恶之心；轻易诛罚，就胡乱杀戮。心存不忍，对该处罚的就多方赦宥；喜好施与，所赏赐的就往往并无功绩：憎恶之心表露，臣子就怨恨国君；胡乱诛杀，人民就将背叛。所以，"仁人"在位的话，下民就放肆无忌，轻易触犯法律禁令，苟且侥幸，冀望无功得赏；暴人在位的话，就随意妄自发布法令，君臣离心，人民怨恨，因而产生背叛的心理。因此，仁与暴，都是亡国的作为。不能具备汤菜食物①，却劝饥饿的人进食，这并不能救活饥饿的人；不能拓垦杂草，生产粮米，而光劝说要贷借布施，赏赐给予，这样并不能使人民富裕。如今学者们的言论，不讲求根本农作，而喜好细末无用的事情②，诡诈地谈些并非实有的圣人故事③来取悦人民，这是不准备

---

① 原文"具美食"，吴汝纶点勘《韩非子读本》，主张改为"具羹食"。
② 原文"不务本作而好末事"，末事，原指商工之民，韩非子认为农业是本业，商工便是末事。就广义来说，农战以外各种行业，对富强无补，便都是末事。
③ 韩非子以为圣人的许多事迹，往往是儒墨学派为阐明学说而加以渲染的，不一定真实，详见《显学》首段。

饭菜，只空口劝饥饿的人吃饭的说法，英明的君主是不会接受的。
（《八说》）

【解析】

本文说明：一个普通孩子的成长过程，有偏激的行为，要请老师教诲，有严重的疾病，要请医生诊治。慈母的爱心虽是无与伦比，却不能完全解决问题。

进一层论及治国不能全凭爱心，而必须谨慎听治，明定法禁，深谋远虑，换句话说：是很理智很客观地用法治国。为了强调法的客观理智性，相对地抨斥所谓"仁"与"暴"的不妥，因为它们是感情式的，都各有所偏，不如法治公允妥当而又实际切要。譬如要让人民富裕，开垦荒地、增加生产是根本办法；贷借布施、赏赐给予只是暂时缓颊。这样看来，韩非子还是讲求实际的。

（三）以森严的法令禁止人民为非作歹

犯法的奸情，倘若一定会被发觉，那么人们就会自我戒惕整饬；一定会被诛罚，就会停止不做。在隐秘不易被发现的地方，摆了细软贵重的物品，即使曾参、史鳅这样的贤者，也难免要犹豫要不要拿走？在人群熙来攘往的市场，悬挂了一百金[①]，即使是

---

① 原文"悬百金于市"，秦时以一镒（二十四两）为一金，汉代以一斤为一金，约值万钱。

个大窃贼也不肯动手去取。因为不被发觉，那么曾参、史鳅在隐秘处也不能决定不取；一定会被发觉，那么大窃贼也不肯去拿悬挂在闹市的一百金。所以英明的君主治国，要安排众多的官吏来守备，防止臣民犯法，犯了法就加重罪罚。治理人民，凭着森严的法令禁止他们为非作歹，不敢完全冀望人民廉洁自爱、能自我约束不做坏事。

母亲爱护儿女的心思超过父亲好几倍，父亲的命令贯彻到儿女行为上的却超过母亲的十倍；官吏对于人民没什么钟爱，命令贯彻到人民行为上的超过父母亲的一万倍。父母亲累积恩爱，但是命令不被奉行；官吏运用威严，但是人民却都听从号令。威严与恩爱的效果优劣，由此可以断定了。而且做父母的对于儿女的期盼：有所动作，就希望他们安全有利；立身行事，就希望他们远离罪罚。君主对于人民：有国难，就要求人民牺牲；太平安定，就要求人民尽力。双亲凭着深厚的爱心，总设法把儿女安置在安全有利的环境中，但他们的命令儿女却不肯听从；君主对人民并没什么爱心①，要求人民尽力效命，但他的命令人们都肯听从。英明的君主了解这种道理，所以不豢养恩爱的心理，却要增添威严的权势。因此，母亲凭着深厚的爱心，慈祥和蔼②，儿女多数不成

---

① 原文"君以无爱利"，"利"字应是多出来的字。
② 原文"母厚爱处"，陈奇猷《集释》以为该作"母厚爱处慈"，与下句"父薄爱教笞"相对。

器，那是因为用"爱"来管教的缘故；父亲没什么深厚的爱意，用竹鞭子教训孩子，儿女多数良好，那是因为严格管教的缘故啊！（《六反》）

【解析】

法家有意寻求完善的制度，使人们不能犯法，不敢犯法，藉法治来培养人们的道德。他的方法是：有众多的官吏守备，使人民无从犯法；一旦犯了法，从重责罚，使人民不敢犯法。确信法治的效用普遍而绝对，比寄盼百姓自我约束确实管用，可参阅第二章、四、（三）。

譬如以整顿脏乱来说，与其呼吁市民发挥公德心，不如加强警力，严格取缔。美国纽约的时髦贵妇人，牵着爱犬散步时，一定随身携带塑胶袋与小铲子，以便随时把宝贝狗的粪便清理起来；新加坡的旅客不敢随便丢弃烟蒂，怕的是罚款可观，警察又不讲情面。法治可以培养公德，守法就是道德。

《韩非子》书常用母亲的爱来设喻，我们必须留意古代的妇女没什么知识，处事难免短见，她们对子女的爱，往往是纵容的溺爱，对儿女确实害多于利。要这样看，才能对《韩非子》有深入的理解。我们也不能完全否认，教育普及的今天，仍有溺爱子女的不明事理的母亲；至于绝大多数明智贤惠的母亲们，对儿女的管教，宽严得中，"爱"仍是维系母子亲情的精神所在，谁说不是呢！

第三章　韩非子的用术理论

一、术的特质

　　法与术原是相对的名词。过去商鞅重法，申不害重术，韩非子认为做国君的人必须综合运用法与术，一则有公布周知的法律，责令臣民奉守，一则有暗藏胸中的机智，可以私下督课群臣，两样相辅相成，才能达到治安富强的愿望。术是国君用来暗中督课群臣的秘术，所以越是莫测高深越好。韩非子很强调用术，因为国君必须统御百官，然后督责百官治理人民，才能符合自己的要求。他对人性的观察，认为君臣各自打算，人心自私，国君务必用术，才能杜防人臣营私舞弊，进而督责群臣尽忠职守，使他们真正为国家谋福利，增进行政功效。

（一）治国要有方术

造父①正在田里除草，看见有一对父子坐着车子经过，马匹受惊吓不肯前进，那做儿子的下来牵着马，父亲下来推着车子，他们请求造父帮忙推车。

造父是驾车好手，他收了耘草的工具，收工不做，爬上车子，把工具摆在马车上，伸手把那父子接引上车子。于是开始检查辔头，拿起马鞭，还没使用，而马匹已经都撒腿跑起来了。

如果造父不懂得驾车，即使竭尽力量，劳苦身躯，来帮助推车，马匹还是不肯前进的。现在身子安逸，而且自己坐上车子，工具也顺便载走，还对那对父子有恩惠，这是有方术能驾驭车子的好处哇！所以，国家相当于君主的车子；威势相当于君主的马匹。没有方术去治理国家，本身虽然劳苦，还是不免混乱；有方术去治理国家，那么本身安逸快乐，又可以达到帝王的功效。（《外储说右下》）

【解析】

本文把国家比作车子，君主的威势相当于马匹。有方术的国

---

① 造父，古代善于驾车的人。他替周穆王驾车巡行西边各国，穆王快乐得不想回去；徐偃王反叛，周穆王一天赶了千里路，终于灭了徐，于是把赵城赐给造父，由此有姓赵的一个家族。

君就像善驾车的好手一样，可以轻松愉快地把国家治理好，本身安逸，还可能达到帝王的境地。

（二）宓子贱治理单父

宓（fú）子贱治理单父[①]，有若[②]见到他，说："你怎么这样瘦？"宓子贱说："国君不嫌我不肖，让我治理单父，官事紧迫，心理忧急，不知不觉就瘦了。"有若说："过去舜弹五弦琴，唱《南风》的诗篇，而天下太平。如今单父这么个微小地方，治理它就忧愁，要是治理天下可怎么办呢？因此，有方术治国，人坐在朝廷之上，神态安闲，仍可以把国家治好；没有方术治国，身子虽瘦弱疲惫，还是没有用的！"（《外储说左上》）

（三）运用方术要隐秘难测

大凡治理天下，一定要顺应人的性情，人的性情有喜好、有憎恶，所以赏罚可以运用，禁约与法令可以立定，治国的方法就差不多具备了。君主掌握权柄来任用威势，所以有命令就被奉行，有禁约，人民就戒止不做。权柄，是控制生杀的凭借；威势，是压倒众人的资本。对于臣子的罢黜与迁升如果没有固定的制度，

---

① 宓子贱，孔子弟子，名叫不齐。单父，鲁国的小城市。
② 有若，孔子弟子，又称"有子"，见识广，喜好古道。孔子死后，弟子们把他当孔子看待。

那么君主的权柄就败坏了；赏罚的大权如果与臣下共同把持，那么君主的威势就被分化了。所以英明的君主听取言论绝不怀有私爱；计议事情绝不心存爱悦。因此听取言论倘若不多方参验，那么权势将被奸臣分化；智谋方术①如果不善加运用，那么君主就要被臣子窘困。所以英明的君主行使赏罚，像天一样地公正无私，运用方术②像鬼神一样隐秘不可测。既然赏罚像天一样地公正无私，人民就无从非议批评；用术像鬼神一样隐秘难测，臣子就无从因循投机③。（《八经》④）

【解析】

本文强调君主顺应人情，立定赏罚。有了术，法令才能通行无阻；有了术，国君的权位才能巩固。行法要大公无私，用术要隐秘难测。但是术的运用仍有一定相当公允的法则，听取言论不杂私情，多方参酌客观的意见与证据，这都是铨叙官吏很重要的办法。也因为莫测高深之中，还存有客观公允的原则，韩非子的术论才更显得难能可贵。

---

① "智术"，乾道本作 "智力"，《八经》谈术，还是依《迁评本》、《赵本》、《凌本》作 "术" 比较妥。
② 原文 "用人也鬼"，依陈启天《校释》改为 "用术也鬼"。
③ 原文 "鬼则不因"，《宋本》"因" 作 "困"，明代归有光《评选本》作 "因"。此指人臣无法因依着去投机掩饰，用 "因" 字较妥。
④《八经》，指国君治理政事的八种不可改易的方法，全篇谈的都是重要的用术理论。《八经》是《韩非子》第四十八篇。

二、无为是用术的总原则

（一）守法责成

人主，是守定法制，督责臣子达成固定功效的人。只听说有官吏虽污乱而仍有天生善良、能独善其身的好百姓；没听说有百姓混乱而官吏却独独清廉、竟不兼善天下的。所以英明的君主知道只要治理好官吏，不必烦神去治理人民。

摇撼树木的人，如果一片片去拉动树叶，那就劳累不堪，而不能把整棵树撼动；如果由左右两边打击树干，所有的叶子就都摇动了。面临深渊而摇撼树木，鸟受惊吓，振翅高飞，鱼惊恐而下沉。善于铺张罗网的人，只要牵引开网套，把钢索牵引开来，鱼群已经进入网中了。倘若一一地把握着各个孔目才能捉到鱼，那就劳苦而且困难了。官吏是治理人民的，相当于捕鱼用的钢索，所以，英明的君主只要治理好官吏，不必劳神去治理人民。(《外储说右下》)

【解析】

运用方术，固然是要隐秘难测，却也有些基本原则。无为，在韩非子的概念里，是由道家思想转化成一种方术。法是全民奉行的轨则，用术也要"守法"，那样才有个依循。国君守定法制，督责人臣去治理百姓，要求臣子达成固定的功效，这是韩非子的"无为"，与老子的完全虚静无所作为，不完全相同。

守定法制，掌握重点，那么纲举目张，可以安逸地静候成果，这是术的最高运用。

（二）以一御万

救火的人，教小吏拿着水壶、酒瓮赶去救火，那仅仅是一个人被他差遣使唤；倘若拿起鞭子催促人，就可以控制一万个人，都听他差遣使唤。所以聪明的圣人不亲自管理卑微的百姓，英明的君主不亲自处理细小的事情。（《外储说右下》）

【解析】

无为之术讲究把握一个基本原则，运用推广去处理各项事务。所以说君主不躬亲琐细的事务，因为他可以安排臣子分层负责，他只需督促首要负责人就行了。

（三）虚静无为

君主的权威不要显示出来，本来就不要有什么作为的。事情分散在四方的臣僚身上，主要的权柄集中在君主手里。圣人掌握了主要的权柄，四方的臣僚就都来效力。君主只要虚静地对待他们，他们就会各自表现自己的才能。四方的臣僚既然安守岗位，君主就可以凭着虚静来观察他们的活动；左右的群臣既已设置，君主尽管敞开大门来接受他们的政见和政绩。事物有了适当的安排，人才得到适当的使用，君臣都处在适当的地位，所以上下相安，可以无所作为。这就像让公鸡报晓，叫猫捕鼠，群臣都施展各自的才能，在上位的君主就可以安坐无事了。如果君主偏要表现自己的特长，事情就很难办得合宜了。君主矜夸自大，喜欢表现自己的能力，在下边的臣僚就要粉饰自己来欺骗君主；君主如果喜欢卖弄自己的口才与智慧，臣僚就会因依着乘机讨好。这样君臣的作用互相颠倒，国家就治理不好了。(《扬搉》[1])

【解析】

本文谈到：君主应该掌握主要权柄，虚静无为，让臣子各尽才能。也正因为臣子都能各尽才能，国君就可以无为。倘若君主好表露，被臣子看破弱点，另外虚诈掩饰，蒙骗国君，做些违法的事，国家就要乱了。

(四) 依凭法度

做国君的人，如果要亲自督察百官，那么他时间就不够用，精力也不够使。而且君上用眼睛观察，臣下就虚饰外貌；君上用耳朵探听，臣下就掩饰声音；君上用智虑辨明，臣下就繁饰文辞。先王认为眼睛、耳朵、智虑三样都不能够了解臣下的实情，所以

---

[1] 《扬搉》,《韩非子》第八篇。"扬搉"两字，各旧本作"扬权"。依据陈启天《校释》博采众说校改。《扬搉》的主旨在于应用道家的理论说明君主如何用术，归结仍是法家精神。扬搉，是纲要的意思，谈论的正是君主统御臣僚的重要原则。

撇开自己的才能不表露，而依凭法度，审定赏罚。先王所掌握的都是重要的原则，所以法令简约而百姓不敢触犯。君主可以单独控制四海之内，聪明智慧的人无法施行巧饰，阴险急躁的人不能进献佞辞，奸邪不正的人无所依傍。远在千里之外，言辞不敢反复变易，近的像郎中近侍，不敢掩蔽善行、虚饰罪过。由朝廷贵重大臣直到寒微卑贱之人，都不敢逾越职分。所以，国君处理事情不成问题，而时间也绰绰有余，这是因为君上掌握权势，懂得行法用术，才能如此啊！（《有度》[1]）

【解析】

君主智虑有限，不能穷尽天下事事物物，加上人臣惯于窥伺君主意向，诡诈掩饰，所以，最好能掌握重要的原则，奉守一定的法度，运用考核的方术，让臣僚都能安分守己，恪尽职守。

从这段文字，可以看出韩非子法、术、势并用的主张。

（五）君主不必躬亲琐细的事务

田婴[2]做齐国的卿相，有人对齐王说："一整年的会计收支，大王不花几天工夫自己听断，就没法子了解官吏的正邪好坏了。"

---

[1] 《有度》内容完全符合韩非子的思想。韩非子为了理论需要，反对儒者法先王的主张，但《有度》却常常提及"先王"。这是一点小矛盾，不过思想仍然连贯，读者不要以辞害义。

[2] 田婴，孟尝君（田文）的父亲，齐宣王时为卿相。

齐王说："好，我应该试试看。"

田婴听说齐王有这个心意，急忙请齐王听会计报告，齐王答应了。田婴命官吏准备好画押的收据，还有斗、石、区（ōu）①、升等容量的统计。齐王自己听会计报告，听不胜听，吃过早饭后再坐下来听，也顾不得吃晚饭了。田婴又请示说："这会计决算是群臣终年日夜努力，不敢偷懒懈怠的大事，大王要是能连夜听取报告，那么就可以劝勉群臣了。"齐王说："好。"不久，齐王就累得睡着了，官吏们都拿了刀子把押券升石等统计数字挖削涂抹了②。齐王自己听断，反而搞得乱糟糟的了。(《外储说右下》③)

【解析】

这段文字，利用齐王听取会计报告的事，证明君主不能躬亲琐细的事，最好责成臣子分层负责，否则就闹笑话了。

（六）交托给臣僚的事就不必自己去做

魏昭王想自己当判官，对孟尝君④说："寡人想当判官。"孟

----

① 区，原文作"参"，太田方《翼毳》主张改为"区"，是齐国容量的单位，相当十六升。
② 古书用刀把字刻在竹简上，所以说用刀把资料毁了。
③ 陈启天《校释》主张依照文义移往《外储说左上》五。
④ 孟尝君，田文，齐国有名的贵公子，曾为齐相。齐湣王灭宋以后，更加骄纵，想除掉孟尝君，孟尝君惶恐，就逃到魏国去，魏昭王用他做卿相。

尝君说:"大王想当判官,为何不试着先学法律?"昭王开始阅读法律的书,读了十几页,就打瞌睡了。昭王说:"这法律的书,我实在读不下去。"一个国君不亲自掌握权柄,却去做些臣子该做的事,难怪要打瞌睡呀! (《外储说右下》[1])

【解析】

国君掌握权柄,分派臣僚做事,这是君主用术的大原则。如果身为君主,却想做臣僚该做的事,那精力一定不够,魏昭王就是个例子。

(七) 作战不必要君主亲自率领

宋襄公和楚国人在涿谷[2]作战。宋人阵式排好了,楚人还来不及渡完河。右司马购强[3]赶到襄公面前进谏说:"楚国军队多,我们人数少,趁他们军队渡河才渡了一半,还没整好队伍,阵式还没排列好,请现在就发动攻击,一定可以把他们打败。"襄公说:"我听君子人说:不加害受伤的人,不掳获头发斑白的老者,不向没有排好队伍、摆好阵式的军队挑战。如今楚国军队还没渡完河就出击他们,这是伤害道义的,就让楚国人都渡完河、摆好

---

① 此条与(五)条相同,详见前文。
② 涿谷,《左传·僖公二十二年》是说在泓水。涿谷可能是泓水旁边的地名。
③ 右司马,《左传》作大司马,就是大将军、大元帅的意思。购强,应该就是公子目夷。

阵式，再击鼓进攻吧！"右司马说："君主这么做，简直是不爱惜宋国百姓，自己的心腹不能保全，只顾及一个道义而已！"襄公喝道："你再不回队伍去，我就按军法处罚！"右司马只好快快地归队。

直到楚国人已排好队伍、摆好阵式了，宋襄公才命令击鼓进军。结果宋国军队大败，襄公伤了大腿，三天后就死了。这是一味企慕行仁义、不知权变惹来的祸害。如果说，一切事情都要依赖国君亲自主持，人民才听从，那等于是要让君主自己下田耕作，解决吃的问题，人们才肯耕田；要让君主入伍列队作战，冲锋陷阵，人民才肯参战，那君主不是太危险了吗？人民不是太安逸了吗？（《外储说左上》）

【解析】

宋襄公为了顾及道义，在泓水打败仗，自己受伤死亡，短暂的霸业也就结束了。韩非子是讲求实际的人，他用宋襄公的故事，来说明两个道理：一是打仗不能光讲道义。仁义不能用，是韩非子的历史进化观点，认为不合时代需要，在国际争战上，道义尤其不能依恃，他甚至主张"兵不厌诈"，客观说来，他的话是相当深刻的。

韩非子还想说明另一番道理，那便是在他的帝王政治理想中，君主是一国最高的领袖，地位非常重要，也非常尊贵，耕战虽是富强的两大行动，人民应该致力耕战，但绝没有要求国君亲自耕战的道理，国君的职责是分派官吏治理人民，只要把握重点就够了。

（八）舜一个人的德化效果有限

历山的农夫侵占别人的田界，舜到那儿和他们一起耕田，一年下来，农夫们都学会逊让，田界争执的问题都不存在了；黄河边的渔夫因渔场而起纷争，舜到那儿和他们一起打鱼，过了一年，渔夫们都懂得礼让年长的人，渔场的纷争也解决了；东夷的陶匠所做的陶器很粗劣，舜到那儿和他们一起制作陶器，一年下来，他们也知道信誉的重要，制作的陶器变得精良而又耐用。

仲尼感叹着说："耕田、打鱼、制作陶器，都不是舜的职责所在，而舜不辞辛劳去做，是为了矫正破败的风气啊！舜可说是一个真正的仁者吧！竟亲自从事劳苦工作而带动人民学习向善，这都是圣人用德行感化人民的力量啊！"

有人请教儒者说："当时尧在做什么？"儒者说："尧做天子。"又问："仲尼称赞尧是圣人，究竟如何？圣人明察是非，身处高位，将让天下百姓革除奸行。如果农夫、渔人不争执，陶器制作精良，百姓已经完善得很了，舜又何从用德化？舜既然矫正风尚，就表示尧有缺失。要是承认舜贤德，就得否定尧的明察；认定尧圣德，就得排除舜的德化，这是不能并存的[1]。再说，舜一年矫正

---

[1] 此下有一段"矛盾"说，待势论礼解析《难势》的时候再来详谈。

一样坏风气，三年才改正三样，舜只有一个人，他的寿命有限，世间的缺点错失却无限多，舜所能做的也是少得很了。

"如果用赏罚，就可以让天下人民必定奉行。下命令说：'合于准则的就有赏，不合准则的就处罚。'命令早上颁布，人民晚上就改变不合标准的行为；晚上颁布，人民第二天早上就改变不合标准的行为。只要十天，海内各地都能整齐划一了，哪需要等待一整年？舜不懂得劝尧用赏罚，却自己亲自到远地去感化，不是没有方术吗？而且，自身劳苦然后感化人民，是尧、舜都难以做好的事；掌握威势，号令天下①，那是平庸的国君也容易做到的事。想治理天下，却舍易求难，就不足以和他谈论为政的道理了。"（《难一》）

【解析】

本文先铺叙舜躬亲德化的伟大，再提出辩难，加以否定，主张"无为"，认为掌握威势，号令天下，严格施行赏罚，便可在短时间内达到齐一人民行为的效果。

"有人"请教儒者，其实就是韩非子借此发挥议论。有两点值得注意：首先，尧、舜是儒家推尊的圣贤偶像，韩非子却认为孔子赞美舜的德化效果，便否定尧的政治绩效。这是他提倡君王

---

① "令下"，有些版本作"骄下"，可能是"矫下"的错误，那就是："改正下民的错误缺点。"

政治，尊君就自然看轻臣子，不主张臣子另外向百姓施恩教化。其次，韩非子相信德化效果有限，速率也缓慢，远不如刑罚可以在短时间整齐人民的步履。韩非子是利用对古代事迹的批驳，发挥用术的理论。

（九）要委任重要人员去治理众人

有一天早晨，子产出门，经过东匠里门附近，听到有妇人哭泣的声音，子产示意叫车夫停车，仔细地听它。过了一会儿，子产派官吏去把那妇人抓来仔细审问，结果竟是个亲手缢杀丈夫的凶手。

后来，车夫问子产："您怎么知道其中有问题？"子产说："因为妇人的声音里带着恐惧。通常人们对于他所亲爱的人，患病的时候为他忧愁，快死的时候恐惧，已经死了就会悲哀。现在那妇人为已死的丈夫哭泣，声音并不悲哀，却带着恐惧，所以我知道其中一定有奸情。"

有人（韩非子）说："子产这么断案，实在太多事了。如果所有犯法的奸情一定要等待他用眼睛去看，用耳朵去听才能知道，那郑国违法情事能举发的必定很少了。不委任司法官去检举审判案件，不运用多方考察的方术，不明示法度，只想凭借自己敏锐的视力与听力，绞尽智虑，去了解奸情，不是太没方术了吗？

"再说，事事物物众多，而一个人的智虑又极其有限。凭着极其有限的智虑，不能完全理解众多的事事物物，所以应该运用重要的原则去处理众多的事物。在下的人民众多，在上的长官寡少，少数人不能胜过多数人，所以要委任重要的人员去治理众多的人民①。如此，形体不劳累而万事能够治理，智慧不耗用而奸情能够举发。

"宋国人有这样的谚语：'任何一只麻雀飞过后羿②的视界，后羿一定可以射中。后羿说这话难免夸张不实了。如果布下天罗地网，那么麻雀就逃不了了。'要举发奸情，也可以布置大的罗网，一个罪犯也休想逃得过。不修整罗网③，却要凭自己的思虑做弓箭，那子产也是欺人不实的了。老子说：'用智虑治国，是国家的祸害。'④子产正是犯了这个毛病。"（《难三》）

【解析】

郑国贤相子产听断妇人的奸情，纯粹是个人偶然遇到而表现特殊的机智，并非完全用这种方式去审理案件。韩非子却借题发挥"因物治物"、"因人知人"的分层负责的方术，以及"以天下

---

① "因物以治物"、"因人以知人"是本文的主旨，两句之前都有一些注释文字混入正文，据俞樾《诸子平议》删去。
② 后羿，古代善射的人，是有穷的国君，曾篡夏相的君位，后被寒浞所杀。传说故事里，嫦娥是他的妻子，偷吃灵药飞奔到月球去。
③ 原文是"不修其理"。理，可解为治狱的官吏，但揣摩前后的文义，可依陈启天《校释》改为"不修其罗"，影射法家的一套"以天下为罗网，让奸人无所遁形"的方法。
④《老子》第六十五章"以智治国，国之贼"，本是强调朴质敦厚的可贵，圣人要领导人民复归淳朴，顺合自然，所以不要人民明智机巧，以免诡诈难治，成了国家的祸害。

做网罗"的法、术并用的严密统御术。分层负责，国君就只需责成最重要的人员；有严密的制度，国君就可以"无为"，而天下人却都在他的掌握之中。这正是他"无为"方术的运用。

（十）君主安享成功，让臣子竭智劳虑

一个英明君主的道术，是让有智慧的人竭尽智虑，君主根据他们的思虑来决断事情，所以君主就有无穷的智慧；让贤能的人谨慎地贡献才能，君主按照各人的才能来任用他们，所以君主就有无穷的才能。有了功绩，君主就有贤名；有了过错，臣子就要担负罪名。因此君主就有无穷的好名声。国君虽然不一定比臣子贤能，却也可以做贤能臣子的老师；国君虽然不一定比贤能的臣子智慧，却也可以做有智慧的臣子的模范。臣子效劳，君主却享有他的成功，这就是贤良君主的常道。（《主道》）

【解析】

这里提及君主无为之术的原则，是善用人臣的智虑与才能，让臣子竭力效劳。因为是荟萃英才，事情没有不办得理想的，一切的成果却归国君的美名，成功的还是君主。

（十一）集结众人的才智，收揽总成果

一个人的力量不能胜过众人的力量，一个人的智虑不能完全了解万事万物。与其运用君主一个人的智力，还不如任用全国人

的智力。君主专凭主观臆度，揣度得恰当就私下劳苦，不恰当就得自己承担过失。下等的君主竭尽自己的智能，中等的君主善尽人臣的力量，上等的君主善尽人臣的智虑。所以真要治好国家，有事发生，总得集思广益，广泛征求计谋，会合辩论裁决；如果不多方听取意见，那么后面的计虑与前头的相悖相反，就无法分辨智与愚了。如果不会合辩论裁决，许多事情就拖延搁置，最后国君往往凭个人的意会主观裁决①。能一一听取意见，就不会堕陷他人的溪壑。所以，君主鼓励臣子讽谏，讽谏的话如果正确，就接受而不怒责②。因此，臣子铺陈意见的时候，一定有记录作依据。集结众人才智的，事情发生以后要加以验合；集结众人才能的，功效显现之后也要加以论定③。成功与失败都有证据，赏罚就配合功罪施行。事情成功，那么国君收揽总成果；计虑失败，那么臣子承担一切罪过。(《八经》)

【解析】

　　这段文字的重点，在"与其用一人（指国君本人），不如用

---

① "事留自取"，陈启天《校释》用《迂评本》、《赵本》、《凌本》，把它连读，意思较贯串。

② 梁启雄《浅解》、日本《纂闻》与《解诂》等作"讽定而不怒"，多"不"字，意思较妥。

③ 原文"结能者功见而谋"，王先慎《集解》认为"谋"是"论"字的错误，很有见解。

一国"。下等的君主，竭尽自己的智能，那是矜夸自用；中等的君主，善用人臣的力量，那是已知道确立赏罚，群臣不敢怠忽了；上等的君主，善尽人臣的智虑，那是懂得集思广益，事事都可以办得合宜了。这种立意与前段《主道》所谈的一样，集结众人的智能，照样是有罪过由臣子承担，君主收揽了总成果，成功的还是君主。

（十二）只有无为可以窥测臣子的实情

申子说："言语要谨慎哪！臣子将会应和你；行为要谨慎哪！人臣将会模仿你；你表露有智慧，人臣就要隐瞒你；表露无智慧，人臣就要猜测你；你有智慧，人臣就要隐藏实情；你没有智慧，人臣就要恣意行事。所以说，只有无所作为，才可以窥测臣子的真实情况。"（《外储说右上》）

【解析】

由于君臣利益不同，臣子往往窥伺君主的心意，竭力迎合，以便利禄顺遂，严重的甚至掩饰诈欺，使国君误信错用，影响政治的清明、国家的强盛。因此，韩非子主张国君不要轻易有所作为，不要随便表露好恶欲望，那么臣子就无从窥伺，便会安分守己奉公守法了。

（十三）把自己掩蔽起来

齐宣王向唐易子请教弋射①的道理说："用丝绳系在箭上射鸟的人最需注意的是什么？"唐易子说："要谨慎地修好自己的隐蔽处所②。"齐宣王说："这是什么意思？"唐易子回答说："鸟用数十只眼睛留意人，人用两只眼睛留意鸟，怎能不小心谨慎地修好自己的隐身处所？"

齐宣王说："如此说来，那么治理天下的道理和这又有什么不同？现在国君用两只眼睛看着全国人，全国人用一万只眼睛窥探着国君，该怎么修好掩蔽处所呢？"唐易子回答说："郑长者有句话说：'虚静无为，无所作为，无所表现。'这样大概就可以把自己掩蔽起来了。"（《外储说右上》）

【解析】

本文由弋射的人找掩蔽处所观测鸟类，谈到国君必须把自己掩蔽起来，以免臣僚窥伺。那秘诀就是虚静无为。这也是把道家回归自然的无为运用为政治上的控制手段。

---

① 弋射，用丝绳系在箭上射鸟。
② 原文"谨廪"，"廪"原是指储藏米粮的仓库，也指弋射的人隐藏处所盛（chéng）饮食的地方。弋射的人必须掩蔽自己，避免暴露目标，这里是指掩蔽的处所。

（十四）一鸣惊人也是无为的用术手段

楚庄王①临政三年，没有发布过一条命令，没有办理过一件政事。掌军政的右司马侍候楚庄王，便和他打谜语，说："有只鸟栖息在南方一个土丘上，三年不展翅，也不飞，也不叫，默默没有声息，这是什么鸟？"楚庄王说："三年不展翅，是要等待翅膀上的羽毛长丰满了；不飞不叫，是要观察臣民的态度。它虽然不飞，一旦飞了必定冲上天空；它虽然不叫，一旦叫了必定声势惊人。你不必挂虑，我知道你的意思了。"

过了半年，楚庄王自己听政，废除了十样事情，举办了九项措施，杀了五个大臣，选拔了六个处士，国家大为治平。他举兵讨伐齐国，在徐州把齐军击败了；他又在河雍战胜了晋国；在宋国会合了诸侯，于是称霸天下。

庄王不因小失大，所以能成就大名声；不曾早早显露自己的意图，所以能成就大功绩。因此《老子》四十一章说："重大的器物不能很快制成，宏大的声音不能经常发作。②"

---

① 楚庄王，春秋五霸之一，在位三十二年，曾问鼎东周，声威远播。这个故事，《史记·楚世家》以为伍举谏楚庄王，《吕氏春秋·重言》是成公贾谏楚庄王，《新序·杂事》是士庆谏，《史记·滑稽列传》则是淳于髡（kūn）说齐威王。

② "大器晚成，大音希声"，老子本义是说大道至广至大，无所不包，韩非子是另作设喻。

（《喻老》[①]）

【解析】

《喻老》这段文字援引老子用来影射：做国君的人要想成就大事，必须深沉静默，多加观察。他不轻易表露个人的好恶爱憎，让臣子无从揣摩他的心理，而他却能洞见臣下的隐情，再综合自己静默观察所得，便可以雷厉风行，有一番大革新。这种"无为密术"，也是老子哲学的一种运用，完全是法家手段了。

三、《二柄》赏析

《韩非子》第七篇《二柄》，是专论赏罚的短文，全篇只有三段，每段各有重点，议论与事例错杂并用，活泼有力，也是韩非子的重要作品之一。

（一）赏罚的权柄不能被臣下夺走

英明君主用来控制臣子的，不过是两个权柄而已。所谓两个权柄，就是"刑罚"与"赏赐"。什么叫刑罚与赏赐？杀戮就叫

[①]《喻老》是《韩非子》第二十一篇。借用古今历史故事来阐发老子思想，重点在于比喻说明，韩非子表达的是自己的法家思想，往往与老子的本义不同。

刑罚，奖赏就叫赏赐。做人臣的畏惧诛杀处罚而贪图赏赐，所以人主自己掌握了赏罚的权柄，那么群臣就畏惧他的威吓而心向他的利诱了。

至于世间一些奸臣却不是如此：对于所嫌恶的人，他们有办法由君主那儿夺来刑罚的权柄而加罪处罚；对于所喜爱的人，他们也有办法由君主那儿夺来赏赐的权柄而奖励赏赐。现在一般做国君的，并不曾自己掌握刑罚与赏赐的威吓与利诱，听任臣子去行使赏罚，那么一国的人都畏惧那臣子而看轻国君，归顺那臣子而远离君主了。这是人主丧失赏罚权柄的祸害呀！

老虎用来制服狗的，是爪牙，如果让老虎舍弃爪牙而让狗去使用，那么老虎反而要被狗制服了。人主，是用赏罚来控制臣僚的，如今做君主的舍弃赏罚的权柄，让臣僚去使用，那么君主反而要被臣僚控制了。

从前田常①向国君请求爵位俸禄而施与群臣，对下就用大斗大斛②出贷粮食给百姓，这是齐简公丧失赏赐的大权而让田常使用，因此齐简公最后被弑杀。子罕③对宋国君主说："奖赏赐予，是人民所喜爱的，您自己去做；杀戮刑罚，是人民所嫌恶的，请

① 田常，即陈恒，田成子，陈完（田敬仲）六世孙，专擅齐国政权，弑简公。至九世田和终于被封为诸侯。
② 五斗叫一斛。田常把斗与斛加大，厚施恩惠给百姓。
③ 子罕，《韩非子》书中提及的，是战国初年，宋国一个劫君专政的大臣。另有春秋时宋国贤大夫子罕，和这同名不同人。

让臣去担当。"于是宋君丧失了刑罚大权而由子罕去使用，因此宋君最后被劫持。田常只使用了赏赐的权柄，简公就被弑杀；子罕只使用了刑罚的权柄，宋君就被劫持。如今一些做臣僚的兼取赏罚两种权柄而使用，那么一般君主的危险比简公、宋君还严重了。那些终究被劫持杀戮壅塞蒙蔽的君主，同时丧失赏罚两种权柄，让臣僚使用，他们的生命能不危险，国家能不灭亡的，是从来没有过的呀！

【解析】

《二柄》用"刑（刑罚）德（赏赐）"的名词议论，也是先说刑罚再说德惠赏赐，有人认为与法家看重刑罚有关；不过宋朝苏东坡《刑赏忠厚之至论》也用"刑赏"，刑德大概是东周人常用的名词。

君主顺应人情立定赏罚，原是要起劝诱与威吓作用，达到法治的功效，但这赏罚大权一定要由君主自己掌握，否则必定沦入权贵大臣之手，而有劫弑的祸患。先议论后设喻，再以历史实例佐证，条理清晰，浑厚有力。

（二）运用形名术来行使赏罚

人主想要禁止奸行，就得运用形名术，审查验合名实是否相符。所谓形名，言论和行事就是一种。做臣僚的陈述自己的言论，国君依据他的言论授予职事，完全根据职事来督责他达成相当的功效。倘若功效与职事相合，行事与言论相符，则给予赏赐；功效与职事不合，行事与言论不符，就加以处罚。所以群臣言论托大而功效微小的，要处罚，并不是处罚他的功效小，是处罚他功效与言论不相符；群臣言论小而功效却大的，也要处罚，并不是不喜欢大的功效，而是认为名实不符的害处比大功效来得严重，所以处罚。

从前有一次，韩昭侯喝醉酒，迷迷糊糊就和衣睡了。掌帽的看见，担心昭侯着凉，因此拿了衣服盖在他身上。昭侯醒来很高兴，问左右的人说："谁给我加盖衣服的？"左右的人回答说："掌帽的。"于是昭侯同时处罚掌帽的和掌衣的①。他处罚掌衣的人，是认为那人忽略职事；他处罚掌帽的人，是认为那人超越职守。并不是昭侯不嫌恶着凉，只是他认为超越职守的害处比自己着凉要来得严重。

所以，英明君主牧养臣僚的原则是：臣僚不准超越职守而建立功绩，不准铺陈言论而与行事不合。超越职守就得处死，言论不合就得加罪处罚。如此一来，有职守的人能处理好分内的职务，所陈述的言论都能合乎职守、合乎行事，那么群臣就没法结党营私，互相庇护了。

---

① 原文"君因兼罪典衣与典冠"，有人主张依据《意林》，把"与"改为"杀"。其实"罪"的幅度很广，最严重也包含"杀"，下文"越官则死，不当则罪"，也可以看成互文，轻的加罪，重的处死。

【解析】

术原是君主心中暗运的机智，但也有公开可循的法则，因此韩非子学说才更有价值。赏罚的明文规定，属于"法"的范围，如何核定该赏或罚，则是"术"的作用。形名，就是循名责实的方术，是公允的铨叙办法，就拿言论与行事来说，相合就赏，不相符就罚。不过，韩非子的形名术还有严格的要求，包含了"不越职求功，杜绝侥幸求进"的原则，所以掌帽的人善意给昭侯加盖衣服，不但没得赏赐，而且要受处罚。这与现代法律观念有些不同，王云五先生曾批评过，认为"大悖人情"，"不近人情之严刑"。但是，如能了解韩非子立言的深义，便知道他这种严格的要求仍然有一贯的理路系统。

（三）不轻易表露欲望以免误用赏罚

人主有两种祸患：任用贤人，那么臣子将假托贤能来劫持国君；胡乱用人，却又事情失败不能成功。谈到人主喜好贤人，群臣就会掩饰行为来投合君主的欲望，那么群臣的真实情形就不会显露，群臣的真实情形不会显露，那么人主就没法区别臣子的好坏了。所以越王喜欢勇士，百姓就大多数人看轻死亡；楚灵王喜欢细腰人，朝廷就有很多臣子为了维持身段而节食饿肚子；齐桓公善嫉妒而好女色，所以竖刁自己废去生殖能力，为他管理宫内女眷^①；齐桓公喜好品尝各种口味，所以易牙把大儿子杀掉蒸了进献^②；燕王哙喜欢贤德的名声，所以子之故意表明不会接受他的禅让^③。

因此，君主表现嫌恶某某，那么群臣就隐匿为恶的端绪；君主表现喜好某某，那么群臣就夸饰才能；君主表现欲望，那么群臣的表情态度便有所依凭了。所以，子之是假托贤者的名义夺取君位的人；竖刁、易牙是依凭君主的欲望而侵犯君主的人。弄到最后，燕王哙在燕国混乱中死去，齐桓公死了无人殓尸安葬，尸体在床上放烂生蛆，蛆虫爬到门槛外头。这是什么缘故呢？这正是君主表露了好恶欲望，让臣子利用了的祸患！做臣子的性情，并不一定能爱他的君主，只是为了重大的利益才侍奉君主的。

如今君主不掩盖自己的真情，不隐匿事情的端绪，却让臣子有凭借去侵夺君主的权位，那么群臣要做子之、田常都不难了。所以说："君主去除喜好，去除厌恶，不随意表露，群臣就会显露出他本来朴诚的情况。"群臣能显露本来朴诚的情况，那么君主就不会被蒙蔽了。

---

① 竖刁的情形就跟后代的太监一样，不过他是自愿的、有目的的。
② 据杨树达考证，易牙可能不是齐人。南蛮习俗，有吃自己长子，觉得甘美就赠送国君的，事见《墨子·鲁问》。
③《外储说右下》记载，潘寿与子之结党，愚弄燕王，说子之必不会接受禅让，不妨把国家让给他。结果，子之因此专擅国政，燕国大乱，齐人攻燕，燕王哙死于兵乱。

【解析】

由于君臣利害关系不同，国君要是有什么好恶与欲望，群臣往往迎合讨好，以致使君主判断错误，乱了赏罚，甚至亡身亡国。因此，不随意表露好恶欲望，以避免人臣窥伺，也是很重要的无为之术。

韩非子列举许多实例来加强论点，令人触目惊心。原来子之、田常一类篡夺君位的臣子固然可恨，君主没能好好用术防备人臣篡夺，也不能辞其咎，韩非子这种观察力确有过人之处。

《二柄》有完密的结构、深刻的议论、丰富的论据、优美的文辞，由这篇便可略窥《韩非子》的特色。

四、循名责实

韩非子重视形名术的运用，讲究仔细参合审验。所谓循名责实，照字面说，是：依照外在的名位，督责达到相当的实际功效。这有些像是：根据假设去求取论证。人主督责群臣，考察政绩，一定要求言行相合、名实相符。遵循法令，论定功罪，便好决定赏罚。这是国君胸中暗运的机智发挥出来的公开可以遵循的法则，它使得密术能公允地运用，极富有参证实验的精神，也成了后人铨叙官吏可以参酌的好方法。

（一）参合名实，审查细验

"道"是万物的本体、是非的准则。所以，明智的君主掌握了万物的本体，就知道万物的根源；掌握了是非的准则，就知道好和坏的端倪。所以虚心地安静地等待着，让"名"自己来表明，让"事"自己来确定。虚心就能知道事物的真实情况，安静就能知道行动的正确性，有进言的就叫他自己在实践上来合他的理论，有办事的就叫他自己办事来合他的主张。行动和言论参合会同起来，君主就可以无所事事，而言与事都能显露真实性。

君主应当包含一切，掩盖形迹，藏匿真情，臣子就无从窥伺；不表露智慧，不表露才能，臣子就无从揣度。坚持着自己的主张来考核臣子的言行是不是和我相合，谨慎地牢牢掌握权柄。断绝臣子们的奢望，破除臣子们的意图，不要让人有窃取政权的欲望。

君道大得不可限量，深得不可揣测，用形名术来参合督责，要求名实相符，用法度来审查细验。如果有人超越法度，名实不合，擅自胡作非为的就杀，这样国内才没有奸贼。

做人主的道理，以安静和谦退为珍宝。君主不用说什么话，可是群臣必用善言来回应他；君主不约束臣子，可是臣子做的善事不断累增。在言语中群臣既然有了答复，君主就操纵着那个把柄①；在事情上群臣既然有了增进，君主就掌握住那个符节。君王

---

① "言已应，则执其契"，契是契约，拿着契约就可以督责人履行任务。

用符节与把柄互相对照，就是施行赏罚的根据了。因此，群臣陈述他们的主张，君主依据他们的主张分配给他们职务，按照职务要求他们达到相当的功效。如果功效符合他们的职务，职务符合他们的言论，就给他们奖赏；反之，如果他们所做的与他们的职务不符合，他们的职务和他们的言论也不符合，就诛罚他们。英明君主的办法，就是使臣子们不能提出不恰当或与他的行为不符合的言论。(《主道》)

【解析】

本文由《主道》节录改写。《主道》是运用道家虚静无为的道理，发挥做人主统御的方术。这里谈及：君主虚静无为，只需客观地"同合刑（形）名，审验法式"，要求人臣名实相符，言事相合，进而依据来论定赏罚。所以《主道》所说的"虚静"，与真正道家的顺应自然还是不同，这是法家把道家学说活用了的缘故。

文中也谈到掩盖隐匿自己的好恶，与《二柄》末段一样，最后一节谈到言事的考核又和《二柄》中段相同，可以参证。《扬榷》第二段也有与本文立意相同的理论，不再重复。

（二）发言与不发言都要加以督责

做国君的，有被人臣以某事诱惑的，有被人臣以言语壅蔽的。人臣轻易发言，往往在事理上少有依据，拿某件事欺骗国君，国君被诱惑，不能明察，反而称赞他们。这样，臣子便反过来运用某种事端控制国君，这就叫作用事端来诱骗国君，被某种事端诱骗的，就要被忧患困住了。臣子进言的时候，预计的花费很少，等到真正去办事的时候，所需的花费就多，即使有功劳，他的进言也不算信实可取。言论不信实的有罪过，事情即使办得成功，也不赏赐，那么群臣就不敢夸饰言辞来迷惑国君了。

为君主的道理，要让人臣前头说的话，在后来的事实中证验；后来办的事也要和前头说的话一致。如果前后矛盾不符，事情虽然办得成功，必定要论定他的罪罚，这就叫作"任下"。人臣替君主安排政事，而怕别人批评，就先假设一套话说："凡是有人评议这件事的，就是嫉妒这件事的人。"君主采信他的话，不再听群臣的意见；群臣也顾忌这句话，不敢评议那件事。在这两种情势之下，忠臣不被听用，而阿谀巴结的臣子单独被任用。这样叫作被臣子用言语所蒙蔽，这样就被臣子所控制了。

为君主的道理，要让人臣有所发言一定要合乎事实；不发言，一定要责问避事的原因。言论没有端绪，辩论不能验合，这就要督责发言必须符合实际；利用沉默逃避责任，来保持崇高权大的地位，这就要追究不发言避事的理由。做国君的一定要让臣子知道：要发言就得有端绪本末，来督责它符合事实；不发言，必要追究他怎么取舍。那么群臣就不敢随意乱发言，也不敢借沉默来推卸责任了。发言与不发言，都要受到督责。(《南面》)

【解析】

《南面》谈的也是君主统御群臣的方术。本文节选的督责合乎事实的一段。人臣发言也好，不发言也好，都要加以督责。发言的要求能切实可行，不发言的追究他究竟怎么个取舍。这么一来，群臣便不敢轻易发言，也不能推托逃避责任。

有些臣子用些夸饰的言辞蒙骗君主，有的假托某件事，有的利用某些言语，君主如能彻底运用循名责实的方术，他们的诡计阴谋便行不通，君主也绝不致被臣子挟制了。群臣发言与不发言都要追究责任，当然就得战战兢兢，认真负责，哪还会有尸位素餐、贪污枉法的呢？

（三）君主不审合参验，法术之士才会被害

大凡当道的权贵是很少得不到君主的信任和宠爱的，而且他们与国君又是亲昵熟悉的关系。至于迎合君主的心理，与人主同好恶，那本是他们进身的伎俩呀！像这种人，本身官位崇高爵禄显贵，党羽又多，而全国的人都为他歌功颂德。那么明法理、有策术的人有心求见君主，本身与君主既没有信爱的亲谊与故旧的恩泽，又准备用法术的言论去纠正人主私曲邪僻的心理，这是和人主的心意相违背了。他们的处境卑贱，孤独一身，没有党羽。

以疏远的人和君主信爱的人相争①，是不会胜利的；以新来的人和亲昵熟悉的人相争，是不会胜利的；以违反人主心意的人和与人主同好恶的人相争，是不会胜利的；以轻微卑贱的人和权大显贵的人相争，是不会胜利的；以一张嘴和全国人相争②，是不会胜利的。明法理、有策术的人具备了五种不能胜利的条件，而且经年见不到国君一面；当道的权贵大臣凭着五种取胜的条件，而且朝朝暮暮可以在人主面前单独进言，那明法理有策术的人从何得以进身，人主什么时候才能觉悟呢？所以，凭借的是绝不能取胜的条件，所处的又是绝不能两存的形势，那明法理有策术的人怎能不危险呢？在这种情况下，一般权贵大臣对于明法理有策术的人，要是能用罪过来诬陷的，就援引公法来诛杀他；要是不便加上罪名的，就会暗地里派刺客去解决他。因此，那些明法理有策术而不顺从主上的人，不是被官吏杀害，就是死在暗箭之下了。

那些结党营私、蒙蔽君主、歪曲正理、方便重臣私门权益的人，一定会被当权的重人信任的③。重臣对于这些人，如果可以假借某种功劳，便用官爵来使他们显贵；如果可以假借某种美名④，

---

① "以疏远与信爱争"，旧本"信爱"之上有"近"字，据王先慎《集解》删。
② 法术之士只有一张嘴，权贵大臣却有全国人替他歌功颂德。
③ 重人，在《孤愤》里专指徇私枉法、耗国便私的当道权贵。"重"即是权势，重人意指有权势的人。"私门"指与公利相违背的权贵之门。
④ "其可以美名借者"，依王先慎《集解》改正，与上文"其可以功伐借者"句法一律。

就拿外交职权来推重他们。所以蒙蔽君主而在权贵私门奔走巴结的人，不是官高爵显，就是在外交上拥有重权。现在人主对于明法理有策术的人，不曾多方加以参合考验，就施行诛戮；对于权臣所推荐的那批人，不等他们表现功绩就给予爵禄。这样，明法理有策术的人，哪能冒着死亡的危险而进献他的议论？奸邪的臣子，哪肯放弃利益而自己引退[①]？所以君主的权位越来越卑微，权贵私门的势力却更加盛大了。(《孤愤》)

【解析】

韩非子曾多次进谏韩王，被当道权贵阻遏，《孤愤》里法术之士便是他自己的写照。法术之士与当道权贵相争，处于下风，最后脱离不了被害的厄运，症结所在，全因为君主不能运用循名责实的方术。"不合参验而行诛，不待见功而爵禄"，韩非一语道中君主被蒙蔽、权位日趋卑微的因素。

法家是新锐的改革者，权责大臣是旧有的贵族势力，彼此利害相反，主张不同，势不两立。权贵大臣培植自己的势力，排斥法术之士，不惜运用各种手段，从这段文字可以约略看出个梗概，韩非子之所以"孤愤"，也约略可以了解了。

[①] "弃利而退其身"，"弃"字旧本作"乘"，据刘师培《斠补》改正。

(四) 君主不审合参验，贤智之人便被排斥

大凡法术难行，不仅万乘 (shèng) 大国如此，千乘小国也是一样。人主左右的人不一定全是聪明的，人主对于某位臣子，认为够聪明，想听取他的言论，于是就和左右之人研究那臣子的言论，这等于和愚蠢的人评论聪明的人。人主左右的人不一定全是贤德的，人主对于某位臣子，认为够贤德，想礼遇他，于是就和左右的人去讨论那臣子的行为，这等于和不贤的人讨论贤德的人了。聪明人的计策要由愚蠢的人来决定，贤德人的行为要由不贤的人来评判，那么贤德和聪明的人将认为羞耻，而人主的论断也终属谬误不实了。

人臣想得官爵的，其中有修养的人就凭着廉洁来强固自己，有智谋的人就凭着雄才论辩来求得职位的晋升，他们既不肯用货币、礼物去奉承当道的人，自恃品格廉洁，有雄才论辩，更不愿违背法令办事①。所以，有修养、有智谋的人，都不去侍奉人主的左右，也不听受那班人的私相请托。人主左右的人，他们的行为不能都像伯夷那样清廉，他们求索的得不到，货币、礼物又没有送来，那有修养、有智谋人士的廉洁与才辩的功用就被否定，而毁谤和诬蔑的议论却纷纷产生了。有智谋的人雄才论辩受到人主所亲近的人的限制，

---

① "恃其精洁治辩，更不能以枉法为治"，上句原有"其修士"而少"治辩"，依俞樾《诸子平议》删补。

有修养的人廉洁行为被毁谤他们的人所否定[1]，于是有修养和有智谋的官吏被废黜不用，而人主的耳目也被蒙蔽了。

不以功绩的有无来决定人们的智谋与行为，不用综合比验的方法来审断罪过，却只听信左右亲近之人的言论，那么最后一定是无能的人留在朝廷，而愚蠢贪污的人可以居官掌权了。(《孤愤》)

【解析】

这里谈及法术不易施行，关键在人主不能彻底用术。对于贤智之士的德行与言论既有意采信，却往往又与左右之人论述，以致左右之人干政，形成坏风气。更糟的是左右之人不全是贤智，却多数是小人。贤智之士想凭真才实学立身处世，君主左右的人却不能容忍他们，他们既不肯巴结，君主左右的人便说他们的坏话，偏偏国君又没有方术，不懂得比验综合，细细审断，结果是君主被蒙蔽，在朝的都是无能（与智者相对）与卑污（与贤者相对）的人，那国家还有前途吗？

(五) 循名实因参验，可使臣子奉法守职

大凡不守法的奸臣都想要顺合人主的心理，来取得君主的亲信与宠爱。因此，君主有所喜好，臣子就跟着赞誉；君主有所憎

---

[1] "精洁之行决于毁誉"，"毁誉"即"毁"，犹"得失"、"缓急"、"异同"只取一义。

恶，臣子就跟着诋毁。以人类大体的通性来说，取舍相同的就互相赞许，取舍不同的就互相批评。现在奸臣所赞誉的正是君主所认可的，奸臣所诋毁的正是君主所非斥的，这叫作取舍相同。取舍标准相合，而彼此交往不顺的，本来是没有的呀！这是做臣子的用来取得亲信与宠爱的办法。奸臣能够运用自己被亲信与宠爱的条件，诋毁或赞誉、引进或斥退群臣，原因就在于人主既没有方术来统御臣子，也不曾运用参合比验的循名责实之术加以审定。如此，必定会因为某某人以往投合自己，就信任他现在的话，这是被宠爱的臣子，能够欺骗国君来遂个人私心的原因。

真正有方术的人做臣子，是要铺陈合于法度的言论，对上阐明国君的法度，对下能控驭奸臣的犯法，来尊奉君主、安定国家。因此，有法度的言论可以在君主面前铺述，赏罚必定会跟着在事后切实奉行。人主确实能够明了圣人的方术，不受世俗言论的拘泥，遵循着名实来论定是非，因依参合比验来审定言辞，所以左右嬖幸的近臣，知道饰伪巧诈不能获得安利，必定这么想："我如果不抛弃犯法徇私的行为，竭尽智力去侍奉国君，却和其他臣子结党营私，妄自诋毁好人称誉坏人，还想求得安利，这好比背负着千钧①的重量陷入深不可测的深渊，却想求得活路，一定达不到的了。"百官众吏也知道为奸求利不能安稳，一定这么想："我不凭着清廉方正来谨奉法度，竟然存贪污的心理，歪曲法令，取

---

① 钧，三十斤，千钧是三万斤，形容相当沉重的负荷。

得私利，这就好比登上高山山顶，堕落险峻的山谷下边，而想求得活路，必定达不到的了。"

安全与危害的道理是如此明显，左右之人怎能用虚空无实的言论迷惑君主，而百官怎敢贪婪虐害人民？所以臣子得以表明忠诚而国君不受蒙蔽，官吏得以谨守职分而不致抱怨。这就是管仲用来治理齐国而商君用来壮大秦国的办法那！（《奸劫弒臣》[①]）

【解析】

这里选录两段，一则说明：臣子逢迎君主的心意取得亲信宠爱，再运用与君主信爱的关系，引荐自己喜爱的人，斥退自己憎恶的人，国君被蒙蔽，影响到国家的赏罚与治安，完全是因为君主不能参合比验，细细审察。一则说明：只要能参合审验，客观地考核臣子的优劣，臣僚知道巧饰欺诈并没有好处，便不会投机取巧，而个个奉公守法，恪尽职守，这正是韩非子要人君用术的目的。由此可见，循名责实的方术用与不用，关系可大了。

（六）行参揆伍——详细错综考察群臣的方术

参伍（详细错综考察群臣的方术）的道理：多方参错考察，可以发掘臣下的贤才；交互考核真伪，可以明察臣下的缺失。参

[①]《奸劫弒臣》,《韩非子》第十四篇。意思是用奸谋劫弒人主的臣子，篇中谈及奸臣的阴谋，以及君主因应杜防的办法，那便是法、术、势并用了。

错考察必定要屈折论难；交互考核，一定要严厉责求①。若不是屈折论难，臣子会用浮泛的言辞渎犯人主；若不是严厉责求，臣子就会朋比为奸，蒙蔽国君。屈折论难要达到细微之处，足以了解功过得失的多寡；严厉责求要适可不滥，不致殃及无辜的大众②。

观行听言的道理，具体做法在于处罚结党营私的人，而赏赐奉公守法的人；诛罚知奸不告的人，处以与奸者同等的罪刑③。对于发言，要综合各种事理，揣度地利，衡量天时，再参合物理、人情加以审验——拿这四样衡量比较，都能符合，就可以断定是非善恶了。

多方听取各方面的意见，以便确实了解真实状况；故意采取不同的对待态度，改变恩泽，来察探臣子的忠奸；掌握具体可见的事物，去察探难察的隐情；专任分职，让左右近习各有专门的职务；重复嘱托，让远遣的使者心存疑惧。考察臣子的经历，以便了解他的过去；把臣子安插在亲近的地位，以便就近观察他的内心；把臣子安插在疏远的地位，以便了解他外在的表现。掌握着明确已知的事来探问人臣的秘密；用些诈术来使令人，以便杜绝卑污、狎昵的行为；故意颠倒言论，以便试探自己所疑虑的问题；从事情的相反方面设说，以便查出不合法的奸情；设立伺察

---

① 原文"挢伍必怒"，怒，气愤，引申有谴责、严厉之意。
② 原文"怒之前，不及其众"，"前"通假为"剪"，有剪裁、适可之意。
③ 依高亨《补笺》及宋本校补订正，二句当作"罚比（bì）周而赏异，诛毋谒（yè）而罪同。"

的制度来匡正专擅独为的官吏①；指责错误的事情，来观测臣子的奸邪行为。明白地举说法令，为的是能诱导臣子避免犯过；态度谦卑顺适，为的是能观察臣子是正直或谄媚。宣布听闻的消息，为的是要揭发臣子们不肯吐露的隐情；故意引发争执，为的是消散奸人的朋党；深入了解一件事情，为的是让众臣内心有所警惕；故意泄漏不同的意见，为的是要改变臣子的观感。人臣的言行，如果外表看来只是类似某种功或罪，就得会合参验，然后处断。指陈人臣的过失，就应该阐明原因所在，严厉督责。知道人臣的罪过，能遵照法令处罚臣子的过失，臣子便不敢犯法，君主的威信得以确立；秘密派使者时常巡查，以便了解真实情况；逐步更调官吏，以便分散朋党比周的奸人；暗地里结纳大臣的下属，让他们窥伺长官们是否有奸邪的行为②。但这种暗地里的结纳如果被那些长官们知道了，就不容易生效了。(《八经》)

【解析】

参伍的考核办法，讲求多方面咨询意见，多方面考察真伪，综合论据，加以断定，赏罚便能客观公允。

但参伍术的运用也有很特殊的技巧与权谋，末段所提及的，

---

① "设谏以纲独为"，"谏"可能通假为 "间"（间，密查）或 "监"（监视），指侦伺的官员。
② "下级以侵其上"，"侵" 陈启天《校释》疑为 "伺" 之误，其下有四十九字，系注文误入正文，据删。

包含了君主的伺察办法，甚至不惜运用阴谋诈术。在《韩非子·内外储说》里有许多故事，便是用来说明这些条例的，将来在伺察之术中再详谈。我们可以发现韩非子为君主设论，防备人臣作奸犯科，是何等的周密。

总之，客观参验，综合比论，韩非子的循名责实理论颇富有科学的求真精神，是后代学者一致赞誉的。但《八经》所谈的方术，兼及秘术权谋，有些难免妨碍法治，却是不可讳言的缺点。

（七）在棘刺的尖端雕刻猴子

燕王喜欢精致巧妙的东西，有个卫国人去见燕王，表明自己可以在棘刺①的尖端雕刻猕猴②。燕王很高兴，拿三十方里的土地③给他当俸禄。燕王说："我想看看你用棘刺尖端雕刻的猕猴。"那卫国人说："君主要是想看，一定得半年不入后宫、不喝酒、不吃肉，等雨停了，太阳露了脸，在那半暗半明的刹那，棘刺雕成的猕猴才看得见。"燕王于是供养这个卫国人，但一直没能看到刻出来的猕猴。

有个郑国铁匠对燕王说："我是制造刻削工具的，照我的经验

---

① 棘，一种类似枣树的丛生灌木，多刺。
② 猕猴，原作母猴，即沐猴、狝猴。是一种猿猴，又叫猢狲，长二三尺，面部无毛，红色，毛色灰黑，四肢如人手，尾短，性活泼。
③ 原文"养之以五乘之奉（俸）"。《管子》书说：方六里叫一乘（四匹马的活动范围），给他三十方里的俸禄，表示很优厚礼遇。

来说，任何微小的东西，一定要用刻削工具来刻削，而所刻削的东西必定比刻削工具（如：雕刻刀）来得大。如今棘刺的尖端不能容纳雕刻刀的刀锋，照理绝不可能用它当作材料来雕刻物品。大王不妨试试察看那贵客所用的刻削工具，那么他究竟能不能在棘刺尖端雕刻猕猴就可以了解了。"

燕王一想，铁匠的话很有道理，就派人去把那卫国人找了来，对他说："贵客预备利用棘刺尖端雕刻猕猴，不知道你用什么工具？"卫国人回答说："一种刻削刀。"燕王说："我想看看。"卫国人说："请让我回住处去拿来。"于是赶紧逃走了。（《外储说左上》）

【解析】

西洋童话故事有《皇帝的新装》，写两个骗子装模作样给国王缝制新衣，实际上什么材料也没有用，国王光着身子游行，被天真的孩童一语点破。《外储说左上》这个故事也有些类似。

无中生有，招摇撞骗的言论，其实只要国君能运用循名责实的方术，那些人便不能混迹，国君也不致闹笑话了。那个卫国人知道国君不可能半年不入后宫，不吃酒肉，他开出条件，很有把握国君做不到，稳稳可以吃定优厚的俸禄。铁匠的推理则是实实在在，就事论事，只要循名责实，就挑破那卫国人的谎言了。

（八）白马总是马——逻辑理论敌不过事实

兒说（ní yuè）是宋国一个雄辩家，主张"白马不是马"①，他的口才非常了得，齐国稷下②好多有辩才的人都辩不过他。有一回，他骑了一匹白马经过一个关口，他按照规定缴纳了税金，不能和守关的人争辩白马究竟是不是马。所以凭着虚有的文辞，也许可以驳倒全国的辩士；但考核实物，按照形象去办理，却连一个小小关卡的官员也不能欺骗。（《外储说左上》）

【解析】

名家当时的辩论，本来很有些逻辑学上的价值，譬如"白马非马"，让人能把"形"与"色"分析出来。就"形"来说，与"形""色"兼顾的概念并不同，所以白马不是马，因为"马"很可能是黑马、红马、褐马、黄马。但是逻辑学上的理论，却不能在实际生活上运用。骑马过关口要缴税，法令规定，白马仍是马的一种，兒说即使善辩，能压倒所有稷下的学者先生，在实际生活里，仍得认定白马总是马，所以他毫不争议，照规定缴了税。

---

① "白马非马"本是名家公孙龙的论题，兒说的主张也一样。意思是：马的指涉幅度较广，所有各色的马都包括在内，白马却只指白色的一种马，所以说：白马不是马。

② 稷下：齐国有稷门，齐宣王喜欢谈论学术与辩论的学者，给他们大夫的名义，赐给宅第，集中在稷门外稷山下，那些学士通称"稷下先生"。

法定讲求实际，循名责实，那么"白马非马"便是不切实用的论辩了。

（九）教"长生不老之道"的人死了

有个宾客夸口能教燕王修炼长生不老的方法，燕王派人去跟他学习，派去的臣子还没有学好，那个宾客就死了。燕王大怒，就把那个臣子杀了。燕王不了解欺骗他的是宾客，却怪臣子没尽早学好长生不老的方法，所以将臣子处死。迷信不合道理的事，而诛杀无辜的臣子，这是不明察事实的祸害。再说，一个人最迫切关怀的是自己的身体，那宾客不能让自己不死，又怎能让燕王长生不老呢？（《外储说左上》）

【解析】

燕王听信宾客的话，并不"循名责实"，那个骗徒的死不但没能唤醒他的迷梦，还冤杀了臣子，多荒唐！其实，从宾客的死亡，便可以反证，他夸口修炼长生不老的方法完全是欺骗手段了。

（十）鬼魅最好描绘

有个宾客替齐王画画，齐王问他说："画画哪种最难？"宾客说："狗和马最难画。"齐王又问："哪种最容易？"他说："鬼魅最好画。"

大凡狗和马，是人们都知道的，早晚都在跟前，大家看惯了

的，丝毫不能画错，所以困难；鬼怪是无形的，谁也没见过，所以怎么画都行，也就容易画了。(《外储说左上》)

【解析】

有客观事实依据的，一点也马虎不得，不能随便蒙混，所以犬马难绘。没有具体根据的，可以完全凭想象去勾勒，谁也不能说画得不妥，所以鬼魅好画。

五、听言的方术

君主统御群臣，权重位高，臣下既难免有觊觎的心理，说话往往巧饰诈伪。所以君主听人臣进言，务必谨慎细心，否则很容易被蒙蔽，此中技巧不能不谈。

大抵说来，听言必须虚静无为，保持缄默，不加断言；进一步用参合比验的循名责实办法来考核，便可以拔擢真才，治理好国家。

(一) 无为与参伍并用

大凡听察言论的方法，是根据臣子说出的话，反过来要求他们的实际工作能符合言论。所以要审察名分来决定职位，弄清名分来分辨事类。听察言论的方法，要不露声色，像喝醉酒懔懔懵懵的样子。臣子们自己分析他们的言论，我就依凭着来了解他们。

臣子所说的话有是的有非的，凑集在一起，君主却不给他们下断语。清虚、安静、无为，是道的本质；错综排列，互相对比，是事物的形迹。参合事物来互相比较，综合起来与虚静的心相配合。经过一番类比、归纳，就可以了解事情的真相了。(《扬推》)

【解析】

听察言论，须以无为作为根本，再运用参伍术，错综排比验合。这样子人臣便探测不了君主的心意，也不敢用虚言来蒙骗国君，便得奉公守法，安分尽职，吏治自然清明。

（二）由各方面参合比验冷静判断

人主听言，如果不多方面征验，责求臣下的时候便没有依据；对于臣下的言论倘若不督察它是否合于实用，臣子便会用邪说来迎合，蒙蔽国君。

言语这东西，通常是说的人多就可信。一样不真实的东西，如果有十个人说可疑，一百个人说可信，这就使得要上千的人迷惑不解了。说话迟钝木讷的人，言语容易招人起疑；巧辩善于说理的人，言语容易得人信任。一般奸臣蒙蔽君主，是取助于同党的众人，借他的言谈巧说取信国君，而以类似的事物来掩饰他的私心诡计。做国君的应当克制自己，忍住愤怒，等待多方证据与事实相符合，才能确实不疑。否则的话，很可能君主的权势就要被奸臣利用为营私取利的工具了。

有道的君主，听察言论，督责它合用，课求它有效，功效大小好坏确定了，赏罚就有依据。因此，朝廷里再也听不到不合实用的论辩。担任职事的人，如果才智不能胜任职责分内的事务，就要撤免职务，收回印信①。对于巧辩夸大的，就要穷究详情，察得臣子言论与事实不合，君主一定要怒责。如果没有其他特殊的因由，功效却与言论不合，那就是欺骗，君主便要加罪处罚。进言督责合于实用，所以奸臣结党营私的言论就不能上奏了。

　　大凡听察言论的方法，人臣往往忠直不避嫌怨，把不合法的奸情上奏，广泛地陈述各种议论，让国君自己选择一样。人主倘若不明个中详情，那么奸人就有所凭借了。一个英明的君主，若是听了动听的言辞，心中喜悦，必要探求所接纳的言论是否切实；若是听了毁谤的言论，心中恼怒，必定要考察所构陷的言论是否真切；要是有所决断处理，总要在自己的喜悦或愤怒的情绪平静以后才慎重考虑。那么臣子进言，究竟毁誉合不合乎实际，心存公法或徇私为奸，就能求得征验了。

　　臣子喜欢多方面地陈述各种意见，来显示足智多谋，让国君选取一项，自己就可以避免罪责。所以，臣子兼陈各种谏说，就影响了国君选取谏言的准确性。禁止人臣向君上陈述两套议论，假说未来的可能性；要使以后的事实表现能与言论相符，这就可

---

① "放官收玺"，据太田方《韩非子翼毳》增"玺"字。

以断定臣子是欺诈还是诚实了①。英明君主的道理是,臣子不能用模棱两可的滑头话进谏;必要确定一种说法,勇于担负责任;言语不能擅自妄发,必须要审验确实,所以一切不法的事情就没来由发生了。(《八经·参言》)

【解析】

这是《八经》谈论人主治国方术有关"参言"的一段。强调人主听察言论要多方面参合征验,才能识破奸臣朋党包庇掩饰的诡计;当狂喜盛怒的时候,也必须力加克制,冷静下来判断事理,否则最易被奸臣利用了去达到私人毁誉的目的。能做到理智、客观循名责实、参合审验,便可以任用守法的能吏,而杜绝幸进的奸臣了。

(三)多方面综合观察——众端参观

一个英明的君主,不推举未经过参合审验的事,不吃特殊异常的食物。听察言论,远处不忽略,近处也得留意,来审察内外的缺失,辨明党同伐异的言论,了解臣僚结党公私用心的区分。参合多方面的物证,来督责臣子铺陈言论能否切合事实。拿臣子后来的行事去核对他先前的言论,按照法律来统治民众,多方面综合观察,细加验合。任何士人,没有功绩都不敢冀望侥幸获赏,

---

① 原文"今符言于后以知谩诚语",《迂评本》无"语"字,较妥;"今"字当依王先慎《集解》改为"令"字。

每种奖赏都恰合行事的功效。有所杀戮，一定适当合法，臣民犯罪，依法处罚，绝不加赦免，那么邪曲枉法的行为都不会存在了。（《备内》）

【解析】

韩非子认为人性自利，后妃、嫡子也往往因为私人利害关系，为了权位名利，联合奸邪的臣僚，有加害君主的意图（详见本书第一章、一、（一））。所以君主必须提高警觉，除了不吃来历不明的食物之外，听取臣子的意见，观察他们的行为，最好运用参伍之术，多方面综合比验，客观地按照法令去办事，一切危机就可以化解了。

（四）有人遮蔽了灶口的火光——一人炀灶

卫灵公的时候，美男子弥子瑕很受宠幸，在卫国专擅行事。有个侏儒①去晋见卫灵公，说："臣的梦应验了。"卫灵公问他究竟是什么梦呀！侏儒回答说："我梦见厨房里烧柴火的大灶，正好我就要晋见您。"

"胡说！"卫灵公听了不由得愤怒，他说："我听说要见君主的，会梦见太阳，为什么你要见寡人，居然梦见灶儿？"

侏儒不慌不忙地说："谈到太阳，它的光芒普照天下，任何东

---

① 侏儒，身材畸形矮短的人，常是君主逗趣取乐的丑角，他们却常能把握机会进谏些耐人玩味的话。故事中的侏儒大约也是卫灵公的嬖幸之人。

西也不能遮挡它；做君主的，普察全国人，任何人也不能蒙蔽他。所以要晋见国君的人通常会梦见太阳。至于灶儿，只要有一个人在烹炊忙碌，往灶口拨弄柴火，他的身子就挡住灶里的火光，后边的人再也没法看见火光了。如今我的梦竟是这样，说不定就有这么一个人蒙蔽了您的明察吧？那我即使做梦做得古怪，不也说得通吗？"（《内储说上》）

【解析】

做君主的如果不能多方听取意见，专信一两个臣子，必定心有成见，不能再接受其他臣子的建议，日久就被蒙蔽，无法了解臣僚的真实情况。故事中的侏儒，故意拿灶儿来替代太阳，影射国君不再是毫不受遮蔽，普照四海的明主，而是专听弥子瑕一人，已受蒙蔽的傀儡。这是耐人探寻的故事，不是吗？

（五）错认河伯

有个齐国人告诉齐王说："河伯①是大神，大王为什么不试试和他见见面？请让臣试着让大王能见见河伯吧！"

经过齐王认可之后，那人就在大河边设了祭神的坛场②，请齐王和他一起站到高坛上。一会儿，看到有条大鱼在水面上浮动，

① 河伯，黄河的河神。古代称黄河为"河"，长江为"江"。
② 坛场，在广场上设坛，通常是做法事用的。

那人指着大鱼说："这就是河伯。"(《内储说上》)

【解析】

在这故事里，齐王明显地被愚弄了，读者看得出来，那齐国人根本是招摇撞骗。齐王就是太信任他，只听他一人的话，没有旁参其他臣子的意见，因而有这种流弊。

（六）滥竽充数

齐宣王让乐队吹竽[①]，通常是三百人的大合奏。南郭处士要求参加吹竽的乐队，齐宣王很高兴，答应了他。不久之后，吹竽的人由官仓供给廪食的已有几百人。宣王死了以后，愍王即位，他喜欢请竽乐队队员一个个到面前来个别独奏，于是南郭处士找了个机会偷偷逃走了。(《内储说上》)

【解析】

乐队合奏是团体表演，个别独奏是个人能力的考验，南郭处士平日在乐队里蒙混，一旦愍王要个别试听，他就只有溜之大吉。君主用人也一样，除了从各方面考核之外，还要深入了解臣子的个别情况，否则，混日子的只怕不仅是南郭处士一人而已。

---

① 竽，像笙的一种管乐器，有三十六个簧片。

（七）督责言论能合乎功用

每个人都睡觉，那么瞎子就不会被察觉；每个人都沉默，那么哑巴就不会被察觉。叫醒每个人，要他看东西，探问每个人，要他回答问话，那么瞎子、哑巴就隐瞒不住了。不听察臣子的言论，那么没有方术的人不被察觉；不任使臣子去办事，那么不贤能的人也不会被察觉；听取他的言论，而督求它合乎实用，使任他办事，而督求它有功效，那么没有方术不贤能的人就隐瞒不住了。

如果想求得有力气的勇士，却听任他自我吹嘘，即使平凡的人也与乌获①没什么区别；要是交给他鼎、俎等沉重的大型食器，那么衰弱或强健一试就分别了。所以官职就是贤能之士的鼎、俎，实际交付给他官职，让他处理事务，那么愚拙或贤智可以分别了。

没有方术的人由于言论不切实用，会被发觉；不贤能的人由于不能胜任职事，也会被察觉。很多臣子言论不切实用，却要自己文饰，认为是雄辩；办事不能胜任，却要自己夸饰，认为是高明。一般做君主的受他"雄辩"的迷惑，受他"高明"的夸张，就推尊而使他们显贵，这等于是不等他看东西就确定他视力良好，不待他回答问话就确定他口才善辩，那么哑巴与瞎子就不会被发现了。

英明的君主听取臣子的言论一定要督责它合乎实用；观察臣子的行为，一定要督求它具有功效。能这样的话，那么空泛陈腐

---

① 乌获，秦武王时的大力士，能举千钧（三万斤）的重物。

的学说就不会再有人谈论，矜夸虚妄的行为也不会有人文饰了。
（《六反》）

【解析】

"明主听其言必责其用，观其行必责其功"是本文的重点。听察言论，要以功用做标准，实实在在，不做空泛夸张的言论，总要切实有效才好。

法家主张实际以事实考验，不光用外在虚有的声誉来决定取舍，所以能看东西、能回答问题的，就不是瞎子、哑巴，能举起千斤重鼎的就是大力士，能胜任官职的就是好官吏，其他赞誉与毁谤的言辞，都离不过事实。法家的功用主义在实际政治上，未尝不是客观有效的铨叙原则。

（八）买椟还珠

楚王对田鸠①说："墨子的学说是显著有名的，要论身体力行，还说得过去，在言词修辞方面却大多不加文饰，这是什么原因哪！"

田鸠回答说："过去秦伯把女儿嫁给晋国的公子②，替她办嫁

---

① 田鸠，齐国人，学墨子的学说，《韩非子·问田》中有田鸠与徐渠问答的话，《汉书·艺文志》有田俅子著书三篇，可能就是田鸠。
② 秦伯指秦穆公，秦的爵位是伯爵，这里用原始封赐的爵名；晋公子指重耳，也就是后来的文公。

妆，跟随了七十个穿着文锦衣裳的陪嫁女子①。到晋国以后，晋国人喜爱陪嫁的妾媵，而看轻秦伯的女儿。这可以说善于嫁妾媵，而不能说善于嫁女儿啊！

"有个楚国人到郑国卖宝珠的，为了盛放宝珠，特意做了个木兰的盒子②，用桂木、椒木来薰香，用珠玉点缀，用玫瑰③来装饰，用鲜绿的翡翠来镶嵌。郑国人买了珠宝盒子，把宝珠还给他。这可以说是善于售卖珠宝盒子，却不能说是善于售卖宝珠啊！

"现在一些言谈之士，都谈些美丽动听的言辞，君主受他们美妙文饰的迷惑④，忽略它的实用价值。这样，与卖宝珠的楚人和嫁女儿的秦伯是类似的做法。墨子的言辞尽管好，却不讲求文饰，就是这个缘故。"（《外储说左上》）

【解析】

过于华丽的修饰，往往喧宾夺主，让人留意到末节而忽略了本体。就像珠宝盒子不能装饰得比珠宝本身更华美，陪嫁的侍妾不能打扮得比君主的女儿还要娇美一样，学术是要发挥思想内容的，不

---

① "从衣文之媵七十人"，媵是古时陪着新娘出嫁的女子，去男家以后，通常就做侍妾。

② 木兰之椟，"椟"原作柜，依前后押韵看来，当依龙宇纯《集解补正》改。椟即是"柜"，这里当指存藏珠宝的饰品盒。

③ 玫瑰，美石，黑云母的别称；上文木兰、桂、椒都是香水；玫瑰与下文的翡翠都是宝石。

④ "人主览其文而忘其用"，据太田方《翼毳》改"览"为"滥"。

能太刻意讲究文辞的修饰，否则人们只注意文辞就要忽视它的精思奥义了。人主听言要求臣子言论切实不多修饰，也是这种心思。

（九）木鸢不如车輗实用

墨子做木制的鸢[①]，三年才做成，飞了一天就坏了。弟子们说："先生手艺精巧，以至能让木鸢升空飞翔。"墨子叹口气说："我不如做车輗[②]的人手艺精巧呀！他们用尺来长的木头，不必花一个上午的工夫就可以做成，能承担三十石的重负，走得远，力量大，使用的时间又久。现在我做木鸢，三年才做成，飞了一天就坏了。"惠子[③]听到这些话，说："墨子是具有大巧艺的人，他认为能做车輗是手艺精巧，能做木鸢是手艺拙劣[④]。"（《外储说右上》）

【解析】

墨子的观念是实用性的。木制的鸢，能飞翔空中，本是难得的精巧手艺，但是，由实用观点看，对人们并没什么益处，耗时既久，使用时间又短，更是不经济。车輗在实际用途上就有助于人们负载重物，不论多远都能到达。以墨子看来，真正对人有利，

---

① 鸢，似鹰的猛禽，木制的鸢，既然能飞翔，该是最早的"飞机"了。
② 輗，车辕上支撑横木的键。
③ 惠子，应该是指名家代表人物惠施。
④《墨子·鲁问》，墨子评公输子用竹木做能飞的鹊，认为不如木匠做车辖（车轴头的铁键），认为"利于人谓之巧，不利于人谓之拙"。

所以说是"巧"。他完全用实际用途来区别巧拙，就于人有利与否来区分巧拙，这观点值得注意。

（十）坚瓠无用——坚硬的大葫芦没有用

齐国有个处士叫田仲[①]，宋国人屈谷去见他，说："我听说先生的主张是不仰望人过生活。如今我有个大葫芦，坚硬得跟石头一样，又厚又没有空孔，我想把它献给您。"田仲说："葫芦难得的地方，就在于它可以盛装东西。如今它很厚，又没有空孔，就不能盛装东西；坚硬得跟石头一样，就不能挖空了装酒斟酒。这葫芦对我没什么用的。"屈谷说："先生说的是，我这就把它丢了。"

事实上，田仲不倚赖人过生活，也对国家没有好处，也像坚硬的葫芦一样啊！（《外储说左上》）

【解析】

韩非子认为时代进化，人类必得过团体生活，每个人对团体都有应尽的义务。像田仲一类的高蹈派，原来是道家的一支，讲究自食其力，与他人不相往来。他们既是离群索居，国君的号令他不管，社会的福利他也不顾，这种人虽不成社会的弊害，至少对国家社会没有益处。这段文字借田仲对"坚瓠"的批评，严厉

---

① 田仲，即《孟子》书的陈仲子，因为住在於陵，又叫於陵仲子，见《荀子·非十二子》及《战国策·齐策》。

地批评了这类自私为我的轻物贵生之士，对社会人群一点好处也没有，这当然也是由功用的观点出发的。

六、用人的方术

古今中外，英明的领袖，没有不是知人善任的。韩非子主张君主好好治理官吏，让官吏去治理人民。他要守定法制，监责臣僚达到相当的成效，势必要有一套完备的任用臣僚的方术。

（一）用术去任选官吏

任用人去办事，是国家存亡治乱的关键。任用的臣子没有好的方术，没有不失败的。君主所任用的，不是才辩智慧的人，就是修身廉洁的人。任用人，就让他有权势。才辩智慧的人，不一定信实可靠，君主赞赏他的才辩智慧，往往因此忽略了他不一定可以信赖。以智士的心计，掌握权势，而为私人急务设想，那么国君一定会被欺蒙。

由于智士不能信靠，君主就任用修身廉洁的人，让他处断事情。修身廉洁的人，不一定聪明智慧，君主赞赏他的修身廉洁，往往因此忽略了他不一定可以足智多谋。以愚人的昏昧①，去处理

---

① 原文"以愚人之惛"和上文"以智士之计"对称。本来在"之"下有"所"字，据王先慎《集解》删。

官务，而做些自以为是的决断，那么事情一定乱七八糟了。所以，任用臣子没有好的方术，任用智士君主就被欺骗，任用修士事情就被搅乱，这正是没有方术的祸害。

英明君主的方法：要让卑贱的人可以议论尊贵的人；要是主管有罪，下属不检举，就必须连坐，判处一样的罪刑；如果随意诬告，又必须反坐，就照他告发别人的罪刑来判他的罪；多看多听，好了解事实的真相；听取言论，绝不专听一个人，只让他一个人传达消息，所以聪明的人也不能欺蒙君主。按照功劳来施行赏赐，衡量才能来授予职事，考察事情的因由观察臣子的缺失，有过错的加罪处罚，有才能的加赏鼓励，所以愚拙的人不能担任职事。有智慧的人不敢欺蒙君主，愚拙的人不准处断事情，那么政事就不会有差错了。(《八说》)

【解析】

任用官吏，关系国家的存亡治乱。国君用人的标准，一般说来，不是智士，就是修士，韩非不赞成。因为智慧的人不一定有品德，往往用智慧才辩欺蒙国君，修身廉洁的人又不一定足智多谋，处断事情往往自以为是，弄得乱七八糟，所以最好是有客观任选官吏的办法。那就是："贱得议贵"，法律之前一律平等；"听无门户"，兼听多方面的意见；"计功程能"，按照法令，根据能力与功劳来派定职务，给予奖赏。这样子，虽不标榜"智"、"修"(贤)，而任选的都是真正有才智、切实有用的贤者、智者。

（二）用舍自主

周有玉版，纣王想要，派胶鬲去索取，文王不给他；纣王又派费仲来，求取玉版，文王就给了他。胶鬲贤能，费仲无道，周文王不愿意贤人得志被纣王重用，所以把玉版给了费仲。文王在渭水边提拔了太公望，立他为军师，这是尊重他呀！他把玉版交给费仲，这是爱惜他能帮助自己灭纣哇！所以《老子》二十七章说："不尊重自己的老师，不爱惜自己的凭借，即使自以为聪明，也是太迷糊，这叫作应世奥妙的道理。"（《喻老》）

孔子在鲁国主管政事，道路上遗失的物品都没有人私自捡拾收为己有，齐景公认为这是对齐国的一大患害。黎且[①]对景公说："要除掉仲尼，像吹根毫毛一样容易。君主为何不用厚重的俸禄、崇高的地位迎接孔子，送哀公[②]女子歌舞乐队，好迷惑他的心志？哀公新得女乐（yuè），一定会懈怠政事，孔子看了一定要劝谏，他一劝谏就要轻易地被鲁国国君弃绝了。"景公说："好。"于是命令黎且护送十六个女子组合的歌舞乐团到鲁国，赠送给哀公。哀公沉迷其中，乐不可支，果然懈怠政事，孔子劝谏不听，就离开鲁国到楚国去了。（《内储说下》）

---

① 黎且，《史记·孔子世家》作"黎鉏（chú）"，《后汉书·冯衍传》注引作"黎锄"，《韩非子》作"犁且"、"黎且"，《意林》作"黎且"都是假借字，用"黎"较易辨认。
② 依据史事，应当是"定公"，不是"哀公"。

【解析】

这两段故事，都说明国际纷争，敌对的国家往往要掌握对方的废置大权，因为敌人的贤臣，对我是一大威胁，敌人的奸臣，却可以助我完成消灭敌人的工作，是一大凭借。文王利用费仲，让他扰乱纣王的心意；齐景公设法让鲁国不用孔子，因为孔子把鲁国治好了，齐国就感到莫大威胁。君主用人一定要自己掌握废置大权，这是存亡治乱的关键呢！

（三）因材器使

英明君王设置官职爵禄，是为了引进贤能的人才，奖劝有功的臣子。所以说，贤能的人才，就让他拥有优厚的俸禄，担任大官；功劳大的臣子，就让他拥有崇高的爵位，接受重赏。任用贤才为官，得衡量他的能力；授予臣子俸禄，必须符合他的功劳。因此，贤能的人不矜夸才能去侍奉国君，有功劳的人乐于自己的职位能迁升，所以事情能成功，功业能建立。

现在却不是如此，不考察臣子贤或不肖，不评论有没有功劳，却假借诸侯权势的关说，听任左右之人的请托。父兄大臣向君上请求爵位俸禄，往下转卖给人来收取财货利益，培植私人的党羽。所以财货金钱多的人，就买了官爵求得显贵；和君主左右之人有交情的，便请托而获得权位。有功劳的臣子不曾铨叙嘉

178

勉[①]，官职的迁升完全不合法度。因此官吏都苟且偷安，专讲求和诸侯打交道，弃置分内的职事，只关心财利[②]。结果是：贤能的人懈怠消极，有功的人荒废本业，这真是亡国的做法呀！（《八奸》）

【解析】

用人须有凭借，看才能授予官职，看功劳给予爵禄，其实也就是《定法》中所谓"因任而授官，循名而责实"（详见第二章、二、（一））。如果不这么做，光听诸侯、左右、父兄等的请托，就百弊丛生，要成为败亡之国了。

（四）专任分职

一个安定的国家，臣子就任某种职位，就得为国家献纳功绩；接受官职，就得在官务上表现才能；担任职事，就得尽心尽力按法来办事。人臣都适合才能，胜任官职，轻松地完成任务，尽心尽力去做事，毫无保留，各有各的职守，绝对不必向国君负兼任官职的责任。所以在内不会有隐伏怨恨、劫君弑主的乱事，在外不会有赵括那样不合才能、不能胜任官职以致战败取辱的祸患。

英明的君主，要让臣僚的职事不相抵触，所以没有人会聚讼

---

① "功劳之臣不论"，原缺"不"字，依王先慎《集解》补。
② "弃事而亲财"，"亲财"原倒，依刘师培《校补》乙正。

争论；让士人不兼任官职，所以他的技艺卓越；让每个人在各人的职责内建立不同的功绩，所以大家没什么好争执的。争讼平息，每个人都确立专门优越的技艺，那么谁强谁弱也无从较量，冰与炭不放在同一个器皿内，天下没有人会伤害他人，这是政治的最高境界。(《用人》)

【解析】

《定法》有"治不逾官"[详见第二章、一、(三)]，《二柄》有"臣不得越官而有功"[参阅第三章、三、(二)]，都是强调人臣各有职守，不能随意逾越本职。《用人》首段更详细说明臣子各适才能，胜任官职，各有职司，不兼官也不兼事。这不仅君主便于督责，人臣无法推诿责任，而且各尽本分，彼此没有冲突，只有同心为国，绝不会有争权夺位、诋毁倾轧的缺点，多么难得！所以说是最高境界！

(五) 循序迁升

澹台子羽，有君子的仪容，孔子几乎看中了他，可是和他相处久了，发现他的行为和形貌并不相称。宰我的言辞，清雅有文采，孔子几乎看中了他，可是和他相处久了，发现他的智慧不及他的口才。所以孔子说："拿仪容取人吗？在子羽身上犯了错误；拿言辞取人吗？在宰我身上犯了错误。"

像孔子这么聪明，还有观察人不确实的感慨，如今新起的辩说，比宰我还要动听，而一般君主听察言论的能力比孔子还昏糊，由于喜欢某人的言论，于是就任用那个人，怎能不耽误事情呢？所以魏国因为孟卯有口才就任用他，因而有华阳城下惨败的灾难①；赵国因为赵括有口才就任用他，因而有长平惨败的祸害②。这两件事，都是喜爱口才就任用人的过失。

单看锻炼刀剑时锡的成分多少，以及火色青黄，就是铸剑的能手区冶也不能决定这剑的好坏；要是在水边能击死鹄和雁，在陆上能斩断大小马，那么就是愚拙的奴婢③也不会疑惑这剑是锋利或是钝拙了。拨开马口，看看牙齿，端详马的外表形态，就是善于相马的伯乐也不能决定马的优劣；让马套上车辆，拉着车奔跑，观察它，直看着它跑到终点，那么就是愚拙的奴婢也不会怀疑这马是拙劣还是优良了。单是观看人物的相貌衣着，听听他的言谈辞令，就是孔子那样的圣人也不能判断学者的智愚；给他一个官职，试试他的能力，考核他的工作成绩，那么平常人也不会

---

① 秦昭王三十四年，魏将孟卯（又作芒卯）伐韩，秦将白起救韩，大破魏军于华阳，斩首十五万，孟卯败走，魏割让修武讲和。华阳即华下，亭名，在今河南密县。史书没有提及孟卯好辩，韩非子可能另有所本。

② 秦昭王四十七年，用反间计让赵孝成王贬调廉颇，而改派赵括统率大军。赵括有口才，是马服君赵奢的儿子，承袭爵位，所以韩非子说"赵任马服之辩"，他谈论军事头头是道，但蔺相如与赵括的母亲都认为赵括只是虚有其名，并不适合带军队。结果秦将白起发动攻击，赵括战败投降。四十万大军在长平（今山西晋城市北）被活埋，赵国国势大受影响。

③ 臧获，古人斥骂奴仆叫臧，骂婢女叫获。韩非子常用来和"智者"相对，兼有无知识与卑贱的意思。

怀疑他的聪明或愚蠢了。因此，英明君主的官吏，宰相一定是由地方官提升起来，猛将一定是从行伍士卒挑选出来的。有功劳的一定给予奖赏，那么爵禄愈优厚愈有奖劝作用；升官晋级，那么官职愈大愈能把职务处理得好。爵禄能产生奖劝的作用，官职的职务都能处理得好，就是统一天下的道理了。[①]（《显学》）

【解析】

　　本段文字，强调一般人事，名实往往不尽相符，必须长久观察；观察还不够，必须实地试验。譬如区冶判断剑的好坏，伯乐判断马的优劣，十之八九，应该都没有问题，但还是得实际用剑来砍东西，实地把马套上车子，才能切实评断。明主用人也一样，不必谈什么贤与能的名义，只要能经得起考验，能实际处理好职务，工作成绩优良，便是贤能的好官吏。

　　接着，韩非子提出：他的官吏任选还得按照资历，循序迁升，这可以增加历练的机会，也是使官吏上下亲和的一种做法。

七、伺察的方术

　　韩非子认为做君主的权大位高，是臣僚瞩目的对象，一般人

[①] "爵禄劝而官职治"，"劝"原作"大"，据陶鸿庆《礼记》改。

182

情又不尽能真爱国君，往往趋利若鹜，所以不免有许多掩饰诈欺的地方，国君不能不防。前边谈到君主要虚静无为，运用循名责实的方术，听言用人能多方综合比验，讲求功用。其实已足够防止臣子奸诈饰伪，但韩非子还有许多权宜应变的技术，用来伺察臣僚的真假诚伪，请看下列一些故事。

（一）故意让臣子摸不透君主的旨意——疑诏诡使

甲

县令庞敬派遣些小吏去市集巡行，却传令领队的公大夫回去，让他们在身边站了一会儿，也不交代什么事，最后就叫他们巡查去了。那些小吏以为县令和领队的公大夫有什么特别的关照，彼此不信任，终究没人敢做违法的事。（《内储说上》）

乙

宋太宰（丞相）戴驩晚上传了人来，交代差使说："我听说好几个晚上有搭乘垂帘幔的车子到典狱长家里的，仔细地替我去监视伺察。"使臣回来报告说："没看到什么垂帘幔的车子，只看到有人捧着盛饭或盛衣物的竹箱子和典狱长说话，有一会工夫，典狱长就接了那箱子。"（《内储说上》）

【解析】

这就是前面第二章、二、（六）行参撞伍所谓的：用些诈术来使令人，以便杜绝贪污舞弊的行为。

前段故事，庞敬让领队与小吏互相猜疑监视，便不敢做违法的事。其实他把公大夫找回来，什么也没交代呢！

第二则故事，宰相并没交代人去侦察典狱长受贿的证据，只要求留意饰有帷幔的车子，结果还是侦察到贿赂的形迹了。

（二）掌握明确已知的事来探问臣子——挟知而问

甲

韩昭侯派了骑士到县里去巡行，骑士回来复命，昭侯问："看到些什么没有？"骑士回答说："没看到什么！"昭侯说："话虽如此，你再细细想想，看到些什么？"那骑士说："南门外，有只黄色小牛在道路左边吃田里的幼苗。"昭侯对骑士说："现在我问你的话，不准向外边泄露，否则唯你是问！"

于是韩昭侯下了一道命令："在谷物发苗的时候，禁止牛马进入田里，本来就有这道命令，但官吏们却不当一回事儿，以致很多牛马都进入人们田里。现在我命令所有官吏尽快地举发出来，要是做不到，我将加重处罪。"于是东、西、北门外三方面都举发了。昭侯说："还做得不够彻底。"官吏们又细细去察看，这才抓到了南门外的黄色小牛。官吏们认为韩昭侯简直跟神明一样明察秋毫，都惊惧惶恐，而不敢为非作歹。(《内储说上》)

乙

韩昭侯将剪下来的一片指甲拿在手中，却对臣下佯言丢了一片指甲，找得好着急的样子。左右有个人于是剪下自己的指甲献

给昭侯，昭侯就凭这个方法辨察臣子的诚实或不诚实。(《内储说上》)

(三) 颠倒言论来试探自己疑虑的问题——倒言反事

甲

卫嗣公派人化装成旅客通过一个关口，守关的小吏百般找麻烦，那人于是拿了钱巴结守关的小吏，小吏才放他过去。

卫嗣公把守关小吏找了来，告诉他说："某月某日有个旅客经过你的地方，给了你钱，你才肯放他过关。"守关的小吏惶恐极了，认为嗣公简直跟神明一样明察秋毫。(《内储说上》)

乙

子之做燕国的宰相，坐着假意说："咦，那走到门外的是什么？是白马呀！"左右的人都说："没看见哪！"有一个人跑过去追赶，回来报告说："真有白马。"

子之用这方法，就知道左右的人诚实不诚实。(《内储说上》)

【解析】

史书里说赵高指鹿为马，那是强权势大，没人敢反抗，便能颠倒黑白，把鹿硬说成了马。后段子之相燕，则是故意假意说见了白马，试探臣子的诚实程度。

（四）提防臣子拿类似情事来扰乱国君判断——托于似类

楚王有个爱妾叫郑袖。楚王新得了个美女，郑袖教导她说："大王很喜欢美人掩嘴的动作，你要是接近大王，一定要记得掩嘴。"美女进见楚王，走近楚王身边，想到郑袖的交代，就掩嘴。楚王觉得奇怪，问起原因，郑袖说："这是表示嫌大王身上臭哇！"

后来有一天，楚王与郑袖、美女同坐，郑袖先告诫左右侍候的人，说："大王若有什么话，一定要赶快照他的话去做。"美女上前来，很靠近楚王了，就一再地掩着嘴。楚王愤怒地说："把她的鼻子割了！"左右侍候的人就拿刀子当场割了美女的鼻子。（《内储说下》）

【解析】

郑袖是个阴谋家，美女被她骗了，楚王也一时难以辨明事实的真相，终于上当。郑袖怕美女被宠爱，夺了自己的地位，所以想出毒计，做国君的真得好好防备侦察。

（五）该察明谁可能因此蒙受利益——利害有反

韩昭侯[1]洗澡的时候，发现热水中有小石子。韩昭侯问："如

---

[1] 原文作"僖侯"，即"昭僖侯"，也就是"韩昭侯"。《战国策》与《吕览》都称"昭釐（xī）侯"。

果掌浴的人免了职，有谁可能递补的吗？"左右的人回答说："有的。"韩昭侯说："去把他叫来！"那人兴冲冲地来了，韩昭侯板起脸来骂他说："你为什么把小石子摆在热水里？"那人吓坏了，吞吞吐吐地回答说："因为掌浴的人要是免了职，那么臣就有希望递补，所以想法子害他，故意把小石子摆在热水里。"（《内储说下》）

【解析】

大凡事情发生，有的人因此得利，有的人因此遭殃。一件事情发生，如果有好处，照理应该是主管其事的人得到好处，但是事情有些蹊跷，明明该有好处的，却是没有利，反有害，这就得查明：谁可能因此蒙受利益的？这个人往往就是搞鬼的人。韩昭侯查出在洗澡用的热水里摆小石子的人，便是运用这个道理，他不愧是个有术的明君。

其他像《内储说下》篇记载的：韩昭侯喝的汤里有生的肝片，晋文公吃的烤肉上有头发缠绕，都是厨房大师傅的助手搞鬼，希望大师傅免职，自己就可以递补提升。做君主的怎能不细加考察？

（六）杜防八种奸情

大凡人臣用以构成奸情的，有八种方术：

一是同床：贵夫人或者所嬖幸的美男子，常趁君主私下宴乐、酒足饭饱的时候，提出要求，往往君主会接受。做臣子的便拿金玉去巴结，让他（她）们迷惑君主。

二是在旁：俳优侏儒，左右近侍，人主还没发令就唯唯先应，还未差遣就诺诺称好，能预先揣探君主的意旨，观看形貌，辨察容色，屈意承欢。往往与国君同进同退，国君有命令就呼应，有发问就对答，许多人同一文辞，与国君同一步调，来转移国君的心志。做人臣的，在内用金玉好玩的宝物巴结他们，在外替他们做些不法的勾当，让他们去改变国君的心思。

三是父兄：庶出的公子，是人主亲近喜爱的人；朝廷大臣，是人主揣度计议的人。他们往往尽力为国计议，国君都会听从。奸臣便拿声色美女侍奉侧室公子，用花言巧语收买朝廷大臣。让他们在私下与国君谈论事情，办成了就给他们加高爵位，增多俸禄，来劝他们给自己办事。

四是养殃：人主喜欢美丽的宫室亭台池塘、漂亮的女子、好狗好马，来娱乐心情。做臣子的，便耗竭民力来美化宫室亭台池塘，加重赋税来装点美女、好狗好马，借此愉悦君主，迷惑他的心灵，顺从他的私欲，奸臣却在这之间获取私利，这叫作养成了国家的祸患。

五是人民[①]：做臣子的，疏散公家的财物来取悦人民，施行小惠来争取民心，让朝廷与民间都赞誉自己，用这方式来蒙蔽国君，达成个人的私欲。

[①] 民萌，"萌"通"氓"，即"民"。民萌就是人民。

六是游说：君主深居宫中，难得听到议论言谈，容易用有条理的辩说改变他的心意。做臣子的便访求各国的辩士，供养国内一些能言善道的人，让他替自己私人设说，说些巧妙文饰的言语，滔滔流利的言辞，拿财利权势向君王炫示，拿祸患灾害向君主恐吓，用些缀饰虚浮的言辞来迷惑国君①。

七是威强：君主以群臣百姓的是非毁誉为权衡事情的标准。群臣百姓认为好的，国君就认定它好；群臣百姓认为不好的，国君就认定它不好。做臣子的就聚合带剑的侠客，供养敢死的士人，来彰明自己的威严，表明能帮助自己的就有利，不帮助自己的就非死不可，用这方法恐吓群臣百姓来了遂个人的私利。

八是四方：做国君的，自己国家小就侍奉大国，兵力薄弱就畏惧强国的军队。大国所要求的，小国必定听从；强兵所至，弱国一定服从。做臣子的就加重赋敛，竭尽府库的存藏，掏空了国家去侍奉大国；而借重强国的威望来诱骗国君，多方求索。甚至发动强国的军队临压边境，而自己在内挟制国君；次等的，就屡次接纳强国的使者，来震慑国君，让国君恐惧害怕。

这八种，人臣用来达成违法情事，国君往往因此被蒙蔽、被劫持，丧失一切，不能不明察防备。

英明君主对宫内的女眷来说，该娱赏她们的姿容，不听从她

① 原文"施属虚辞，以坏其主"，"坏"依太田方《翼毳》改为"环"，通"营"、"荥"，是迷惑的意思。

189

们的请托，不准私下有所要求；对左右之人来说，差遣他们一定督责谨慎，不让他们多加言辞；对父兄大臣来说，听取他们的言论，事后一定配合行使赏罚，不让他们随意推荐人；对于观赏玩乐的物品，　定要知道它的来历，不让臣子专断送进送出，不让群臣揣度国君的心意①；对于恩惠的施予，赈放禁中的财货，发放库存的粮米，大凡对人民有利的都要由国君来主持，不能让臣子私下向百姓示惠；对于游说，不管说客称誉的、毁谤的，一定确实考核他的才能，督察他的罪过，不让臣子结党互相庇护；对于有勇力的人，只要勇于公战，有了军功，没有不赏赐的，要是敢于私斗，有罪绝不赦免；不让群臣私下花钱收买了替自己办事；对于诸侯的需求，合于法度的就听从去办，不合法度就拒绝。群臣知道诸侯所求不一定应验，就不会向外勾结诸侯②；诸侯知道所求不一定应验，便不再接受奸臣的浮泛言辞去诬骗君主了。(《八奸》)

【解析】

《八奸》分析人臣依凭着构成违法情事的情形有八种，不能不察，并设法预先筹谋防止的办法。韩非子希望国君能伺察奸情，并且理智地针对问题，代为计议因应的对策，都是切要的现实问

---

① 原文有误，依王先慎《集解》校改为："必令知其所出，不使擅进擅退，不使群臣虞其意。"
② "外市诸侯"，原脱"市"字，从陈启天《校释》补。

题，我们不难在史书里找到许多具体的事例。

（七）留意猛狗与社鼠

宋国有个卖酒的人，斤两很够，招呼客人很恭谨，酿的酒非常香醇甘美，酒店前的旗帜挂得很高，但是他的酒总是放到变酸了，还卖不出去。他自己觉得很奇怪，便请教乡里间他所熟悉的长者杨倩。杨倩想了想，说："你的狗凶猛吗？"卖酒的说："狗凶猛，酒为什么就卖不出去？"杨倩说："人们怕凶猛的狗哇！有人叫小孩儿拿了钱，提了酒壶、酒瓮去买酒，而狗迎面就咬人，谁能不怕？这就是酒变酸还卖不出去的原因哪！"

谈到国家，也有猛狗。有方术的士人，怀抱理想要协助拥有万辆兵车的大国国君治理好国家，但大臣却成了凶猛的狗，迎面咬人，这就是人主被蒙蔽、受胁制，而有方术的士人不被任用的原因。

齐桓公问管仲说："治国最需担忧的是什么？"管仲回答说："最担忧社木中的老鼠了。"桓公说："什么原因呢？"管仲回答说："您见过立社吗？要种树木，在树干上涂上颜色，老鼠在树干里穿梭，挖掘洞穴，托身其中。要是用火熏它，就怕把社木烧毁了；要用水灌它，又怕社木的彩色会剥落，这就是社鼠永远抓不到的理由。如今国君左右的人，出外就假借君主的威势向人民收取财利；在内就结党营私来蒙蔽国君。在官内侦察国君的情形向权臣提供消息，内外共同掌权，接受群臣百官的贿赂而累积不少财富。官吏要是不杀他们，他们明明扰乱国法；要是杀他们，国君的安全恐怕有问题。这也是国家的社鼠哇!"

所以,人臣掌握权柄,专擅法禁,表明辅助自己的就有利益,不辅助自己的就有害处,这也是猛狗哇!大臣做了猛狗,咬啮有方术的人,左右之人又做社鼠,伺探君主的实情,人主不能察觉,这样,君主怎能不被壅蔽,国家怎能不灭亡呢?(《外储说右上》)

【解析】

"不杀其狗则酒酸",这个故事把专擅权势的大臣譬喻为凶猛的狗,有这样的大臣,国君再贤良,国家再富裕,也不能有所发展。"治国最苦社鼠",把君主左右比喻为社鼠,托庇于宫中,专门勾结权贵,枉法收贿,不杀嘛,他们扰乱法令,要杀嘛,又怕他们挟制国君。这是很严重的问题,国君不能不明察,而有因应的对策。

第四章　韩非子的任势学说

一、任势才能治国

　　韩非子的"任势"学说，与西方人所说的权力政治意义相似。国君有崇高的地位，有至尊的威严，有最大的权力。《韩非子》书中，有时说"势位"，有时说"威势"，有时说"势重"，都指统治权或主权而言。由于人性自利，必须任势才能统御大众；时代演变，必须任势才能应世制宜；国家之间以实力相较，必须任势才能自立自强。在战国时代，国君对内能以权力求得统一安定，才能突破贵族分治的弱乱，而集中一切力量，在安定中求繁荣，求发展。实力充实，富强之余，便不惧外力的威胁，王霸之业的根基也就奠定了。

（一）任用威势来行法用术

圣人治理国家，有一套可以让百姓不得不为我做事的办法[①]，而不期盼百姓能因为爱我而为我做事。期盼百姓由于爱我而听令做事，那就危殆不安了；仗恃我有一套办法让百姓不敢不听令做事，那就安全无忧了。

君臣之间没有骨肉血缘的亲密关系，要是有正直的方法可以得到利益，那么臣子就尽力去侍奉君主；要是正直的方法不能得到保障，那么臣子就钻营取巧去求见长上。英明的君主了解这个道理，因此设置一套规则，告示天下人民：如何做有利，如何做有害。这一来，人主不必亲口教导百官，不必亲眼求索奸邪，而国家已安定了。

做国君的，并不一定要有离娄一样敏锐的视力才算明察，并不一定要有师旷那样敏锐的听力才算聪慧[②]。如果不任用方术，光靠眼睛去看，所看的就少得很了，这不是不被壅蔽的方术哇！不依凭权势，光靠耳朵去听，所听的就少得很了，这不是不受蒙骗的办法呀！英明的君主，要让天下所有的人不得不替自己去看，让天下所有的人不得不替自己去听。所以自己住在深宫里，却能明察四海之内的事情，而天下人没有一个能蒙蔽、欺骗的，这是

[①] "固有使人不得不为我之道"，"为"字旧本作"爱"，据俞樾《诸子平议》改。
[②] 视力好叫明，听力好叫聪。离娄之明、师旷之聪都有过人之处。

什么原因呢？昏乱的因素已经排除，采行的是可以使耳聪目明的威势啊！所以，善于任势的，国家就安定；不懂得依凭威势的，国家就危险。(《奸劫弑臣》)

【解析】

君主能运用威势去行法用术，有周妥完备的法令，让臣子不能不听令做事，奉公守法的有赏得利，徇私违法的有罚受害，国君只要掌握威势，臣子都依法行事，百姓都是他的耳目。所以君主尽管不出深宫，而天下臣民的善恶正邪，他都能了如指掌，这是任势的效果。

《显学》所谓"不恃人之为吾善也，而用其不得为非"(参阅本书第二章、四、(三))，与本文"固有使人不得不为我之道，而不恃人之以爱为我也"，意义相近。同是基于人性自利而得的理论，也同是要求法的效果普遍而得的理论。

(二) 人民畏服威势——孔子向鲁哀公称臣

人民本来就是畏服威势，很少能够归附道义的。孔子，是天下的圣人，修养品行，阐明正道，周游天下各国，天下喜悦他的仁，赞美他的义，跟随他而服侍他的只有七十个人，可见真正看重仁德的还是少数，真正能行道义的还是很难得啊！所以天下这么大，跟随他服侍他的只有七十人，真正能实践仁义的就只有孔子一个人。

鲁哀公，是个下等的君主，可是当他朝南君临国家的时候，鲁国境内的人民没有一个敢不向他恭恭敬敬地称臣。人民本来就畏服威势，威势确实容易用来使人屈服。因此，孔子虽贤德，反而做了臣子；哀公虽平凡，反而做了君主。孔子并不是归附哀公的道义，只是畏服他的威势。所以，论道义的成就，那么孔子不必服从哀公；谈到运用威势，那么哀公就可以叫孔子称臣。

　　现在一些学者游说国君，不教君主运用绝对可以取胜的威势，却说些"只要施行仁义，就可以统一天下"，这等于是要求君主一定要像孔子，而且要求一般百姓都能像孔子的门徒，这是一定办不到的事。(《五蠹》)

【解析】

　　韩非子相信只有威势才能治国。一般臣子对国君，没有什么骨肉血缘关系，只是受威势的约束不得不侍奉君主（缚于势而不得不事也。《备内》）；一般民众也是畏服威势，不见得能归附仁义。他以孔子和哀公做比喻：论仁义，孔子不必向哀公称臣；论威势，哀公总是君主，孔子得向他行人臣之礼。在古代，君臣关系是三纲五常之一，完全决定于天生的地位以及由地位而拥有的威势，韩非子的话是有道理的。

二、威势须由君主掌握

权势是统治天下、驾驭群臣的凭借。有权势就尊贵，失了权势就失去国家，有杀身之虞。所以君主一定要亲揽大权，不能轻易假手他人。

（一）威势相当于人主的筋力

马匹之所以能担负重载，牵引着人们到达遥远的地方，完全依靠它的筋力；拥有万辆兵车的人主，拥有千辆兵车的国君，他用来控制天下、征伐诸侯的，正是威势啊！威势就相当君主的筋力。如今大臣得到威望，左右专擅权势，那等于是国君丧失了筋力。君主丧失筋力，还能拥有国家的，一千个之中找也找不到一个。（《人主》[①]）

（二）君主要有权势才能生存

鱼要依赖深渊才能活命，国君要仗恃权势才能生存，权势就是国君的深渊哪！统治人的国君倘若失去权势，给臣子们夺走，

[①]《人主》是《韩非子》第五十二篇，以起头两字做标题，杂取《二柄》、《孤愤》、《和氏》、《爱臣》等篇拼凑而成。节选的这几句，倒是韩非子势治理论的精华。

就再也得不到了①。齐简公丢了权柄给田常夺走，晋顷公以后，政权也落入韩、赵、魏、范、中行、智六个大夫手里，最后国家破灭，国君被劫杀。所以《老子》三十六章说："鱼不能脱离深渊。"②

赏与罚，是治国的两种锐利工具。赏罚大权如果掌握在国君手里，便可以控制臣子；掌握在臣子手里，就要压倒国君。国君表露了有赏或罚的意愿，臣子便在其间暗做手脚，斟酌损益，向百姓示惠、示威，使百姓感激自己、敬畏自己。因此，人君轻易显露赏罚之意，人臣就会借机运用国君的权势。所以老子说："治国的利器，不能向人显示。"(《喻老》)

【解析】

这段文字与《二柄》首段［详本书第三章、三、（一）］可以并读会观，与《内储说下》"权势不可以借人"，也有互相补足的作用，可以参考。

本文强调人君不宜离位失势，为了杜防失权，以致邦亡身死，还是得用无为之术，让臣子无从窥伺自己的意愿。至于韩非子把老子的"利器"解为"赏罚"，大抵是主观的领会，借此发挥法家势治的理论，不完全是老子的本意了。

---

① 原文"君人者，失势重于人臣之间，则不可复得也"。旧本"失"字在"则"字之上，依文义及《内储说·六微》乙正。"势重"即"势"、"权势"。
② 原文"鱼不可脱于深渊"，今本《老子》无"深"字；句末"邦之利器，不可以示人"，今本《老子》"邦"作"国"，系避讳的缘故。

(三) 大臣太贵必易主位

左右宠幸的嬖臣，如果太过亲密，必定危害君主本身；当权的有力大臣，如果太过显贵，必定要改换君主的地位；嫡妻与庶妾，如果没有等级，必定危及嫡子；太子立定，如果兄弟不顺服，必定危及社稷；拥有千辆兵车的小国君主，如果没有方术防备人臣作乱，必定会有掌百辆兵车、享有采地的大臣在他身边，来迁移民众，倾覆国家；拥有万辆兵车的大国君主，如果没有方术防备人臣作乱，必定会有掌有千辆兵车、享有采地的大夫在他身边，来转移君主的威望，倾覆国家。因此不守法的臣子越来越多，人主的道义衰微丧失。所以，诸侯势力太过广大，是天子的祸害；群臣资产太过富饶，是君主的失败。如果大将辅相把国君的利益放在背后，着力在自己大夫私家的兴隆①，那是君主所该排斥疏远的。万物没有比国君的身份更显贵、地位更尊严的，君主的威望最厚重，君主的权势最隆盛。(《爱臣》②)

(四) 不能与臣僚共用威权

古代的驾车好手——造父驾着四匹马拉的马车，一会儿向前奔驰，一会儿绕圈旋转，随心所欲，运用自如。他之所以能随心

---

① 《迁评本》作"将相之后主而隆家"，义较优。
② 《爱臣》，《韩非子》第四篇，用篇首两字为题目，专论君主统御的策术。

所欲地驾驭马车，是因为掌握缰绳与马鞭，能控制自如。但是，有一回，马匹见了突然奔出的野猪，竟然惊慌嘶叫乱跑，造父使出浑身解数也无法控制。这并不是缰绳与马鞭的威严不足，主要是它的威力被突然奔出的野猪分化了。

王良也是古代驾车好手，他掌副车的驾驶，不用缰绳与马鞭，只选择马所喜欢的水草地带，向那边驾驶，那是掌握了青草、清水的利处。但是马匹经过菜圃、池塘，王良竭尽心力，仍然免不了失败，并非青草、清水的好处不够，主要是德惠被菜圃、池塘分散了。

王良与造父都是天下善于驾驶的好手，但是让王良握着左边的络头吆喝马匹向左，让造父握着右边的络头鞭策马匹向右，马必定无法辨别该听谁的，再怎么有能耐，也走不了十里路。这是因为两个人共同驾驭一辆车子的缘故。

田连与成窍是天下善于弹琴的音乐家，但是，如果让田连向上挑拨，成窍向下按压，必定弹奏不成任何曲子。这是因为两个人共同弹奏一张琴的缘故。

凭着王良、造父高超的驾驶技巧，共用一个辔头驾车，还没法子驱策马匹，人主又怎能和臣子共同掌握权力去治理国家？凭着田连、成窍高妙的琴艺，共同弹奏一张琴，还奏不成曲子，人主又怎么能和臣子共同运用威势而建立功业呢？（《外储说右下》）

【解析】

造父驾车用缰绳、马鞭，威力被野猪分化；王良驾车只向水草地奔驰，赏奖德惠却被菜圃、池塘分散。这比喻人主的罚与赏，需防人臣分去威力与德泽。

后半提示：有再高超的手艺，步调不一致，就不能共事，驾车与鼓琴是如此，人君治国何尝例外？

（五）不能掌权就等于亡国一样

越国虽然国家富裕、兵力强大，中原各国的君主都知道它对自己没有什么益处，因为不是自己所能管制的呀！现在有国家的君主，虽是土地广大，人口众多，但是人主被蒙蔽，大臣专擅权势，自己不能控制，这等于是越国一样了。知道自己的国家毕竟不是越国，却不知道他的国家已经不是原来的国家了，这就是不能"以类相推"呀。人们之所以说齐国灭亡，并不是齐国的土地和城市都没有了，而是吕氏的子孙不能继续统治齐国，齐国已由田氏控制了；所以说晋国灭亡，也不是晋国的土地与城市都没有了，而是姬姓的子孙不能继续统治晋国，晋国已由六卿专权了。如今大臣掌握了政权，独断独行，而主上却不懂得要收回政权，那就是人主不明智。和死人患同样病症的人，不可能生存；和灭亡之国同样情况的国家，不可能存在。现在跟着齐国、晋国覆亡的道路走，要想国家能够安然存在，那是不可能的。（《孤愤》）

【解析】

这段文字说明君主不能掌握政权，便只是傀儡，跟战国以后的齐国一样。最糟糕的是很多君主自己丧失了政权，受尽重臣的蒙蔽，却并没有警觉，国家怎能不乱？这便是韩非子要愤慨的原因。

三、《难势》赏析

《韩非子》第四十篇《难（nàn）势》，是一篇纯粹讨论威势统治的论文。法、术、势三者，在韩非子思想体系中虽有连锁关联性，但由于倡论君国政治的理想，终究还是以任势为大前提，所以这篇威势统治理论很值得重视。

（一）慎到认为：任贤不如任势

慎子说："飞龙乘驾着云彩，腾蛇①在雾中游动。一旦云消雾散，那飞龙、腾蛇就和蚯蚓、蚂蚁一样了，这是因为失去了所依托的东西。贤者屈服在不肖者的下面，是由于贤者权柄轻、地位

---

① 腾蛇，《后汉书·隗嚣传》引慎子，"腾"又作"螣"。《荀子·劝学》："螣蛇无足而飞。"《诗经·尔雅·释鱼》："螣蛇，龙类。"

低；不肖者能控御贤人，是由于他权势重、地位高。让唐尧做百姓，连三个人都治不了；可是夏桀做了天子，却能扰乱整个天下。我因此了解：权势与地位足够仗恃，而贤德与才智是不值得羡慕的。弓弩的张力不强而箭却射得很高，是由于被风力激动的缘故；本身不肖而命令却能推行，是借助于权势的运用①。当唐尧微贱时，管教奴隶下属，他们也不肯听从；等到他南面称王，做天下的领袖时，他一下命令，百姓就奉行；他一颁禁约，百姓就停止。由此看来，贤德才智并不足以制服大众，而权势地位却足够控御贤人②。"

【解析】

飞龙、腾蛇凭借着云雾就能腾游于空中，相同的道理，人君想治国，就必须掌握权势，有了权势做凭借，即使再贤德的人也得屈服听令。像唐尧那样有贤德的人，要是没有权位，谁也不听他的；等他做了天子，便令行禁止。所以慎到的看法是，治国所凭借的是权势，并不是贤德。他成了法家任势派的代表。

---

① 原文"得助于众也"，陈启天疑"众"当作"势"；上文"风"是箭射得高的凭借，"势"也是得行政令的倚仗，意义贯串。

② 原文"势位足以缶贤者也"，刘师培认为"缶"是"御"（驾御、控御）的错误；俞樾认为是"诎"（同"屈"，使屈服）的错误，两种说法都可通。

（二）儒家主张要由贤人来任势

有人回答慎子说："飞龙乘驾着云彩，腾蛇在雾中游动，我并不否认飞龙、腾蛇是依托云雾做凭借。话虽如此，如果抛开贤智而专靠权势，就能把国家治理好吗？我从没见过这样的事。须知有了云雾的凭借，就能够乘驾、腾游，是由于飞龙、腾蛇的才能优越呀！现在云虽然很密，蚯蚓却不能乘驾；雾虽然很厚，蚂蚁却不能腾游。有了密云厚雾的凭借，却不能乘驾、腾游，那是由于蚯蚓、蚂蚁的才能薄劣呀！如今夏桀、殷纣南面称王，做了天子，利用天子的权势做他的云雾，可是天下终究免不了大乱，正是由于夏桀、殷纣本身的才能薄劣的缘故。

"而且，主张势治的慎子以为尧可以运用权势治好天下，他所用的权势和桀用来扰乱天下的势又有何不同呢？势的本身并不能够叫贤人利用自己，而叫不贤的人不利用自己。贤人用了势，天下就太平；不贤的人用了势，天下就混乱。从一般人的性情看来，贤人少，不贤的人多，如果任由权势的许多便利去帮助乱世的坏人作恶，那结果一定是拿权势扰乱天下的人多，凭权势治好天下的人少了。权势这东西，既能帮助人治好天下，又能便利人扰乱天下。所以《周书》说：'不要给老虎添上翅膀，老虎一添了翅膀，就要飞进城里来，挑拣适当的人吃。'让不贤的人掌握权势，就等于给老虎添上了翅膀一样。夏桀、殷纣建造高台深池，耗尽人民的力量；制作炮烙（páo lào）酷刑，残害百姓的生命。

桀、纣之所以能够胡作非为，施行种种暴行，是由于天子的权威做了他们的翅膀。假使桀、纣只是两个百姓，等不到做完一件坏事，恐怕已经遭到刑罚杀戮了。因此，权势是滋长人的虎狼心肠、促成暴乱事情的东西，这是天下的大祸害。

"权势对于天下的安定或混乱，原本没有一定的影响力，而慎子竟然主张只依赖势就足以治好天下，他的见解所及未免太浅薄了。比方说：有一匹好马、一辆坚车，让愚拙的奴仆去驾御，必定被人笑话；相反的，如果驾车好手王良去驾御，就可以日行千里。车马并没有两样，或者日行千里，或者被人笑话，那么驾车人技术上的巧拙就相差太远了。现在我们拿国家当车子，权势当作马匹，号令当作缰绳，刑罚当作鞭子，让尧、舜来驾驭，天下就大治，让桀、纣来驾驭，天下就大乱，那么治者的贤与不贤也就相差太远了。想要车子跑得快跑得远，就知道请王良驾车[①]；想要增进利益、除去祸害，却不知任用贤能的人。这就是不懂得类比相推的毛病。那尧、舜正是善于治理人民的王良啊！"

【解析】

这段是假设儒家的议论，主张要由贤者来任势。大致分三个段落：

---

① "知任王良"，旧本作"不知任"，涉下文衍"不"字。意思是知其一，不知其二，是不知类比的。依陈启天《校释》删。

第一，势固然很重要，但只有贤人才能任势。

第二，只谈任势，不谈贤不贤的条件，必然乱多治少，如果让不肖之人掌握权势，必定如虎添翼，权势便成了大祸害。

第三，一定要贤者任势，才能治好国家。

第二段不肖之人掌权，就如同老虎添了翅膀，是针对慎子所谓"桀为天子，能乱天下"而反驳的，非常有力，谈治国的道理，总不能任由暴君扰乱天下而没有对策呀！且看韩非子将如何处理这个问题。

（三）韩非子提出了人设之势

我代慎子回答说："慎子认为只要依赖权势就足以治好国家，而你却说一定要等待贤能的人才能治好国家，那就不对了。权势，在名称上虽然只有一个，但在内涵上却是变化无定的。如果权势的内涵只限于天生而然的势位，那我就没什么可说的了。我所要说的权势，是指人为的力量所能安排的。现在你说'尧、舜得到权势就能治好天下，桀、纣得到权势就会扰乱天下'，我也承认尧、舜实是如此。但是，尧、舜的权势，并不是人为的力量所能安排的[①]。如果尧、舜一生下来就居于上位，即使有十个像桀、纣那样的人，也不能扰乱天下，这是天生而然的势位所造成的大治；如果桀、纣一生下来就居于上位，即使有十个像尧、舜那类的人，

[①] "非人之所得设也"，各旧本"人"上衍"一"字，据太田方《翼毳》删。

也不能治好天下，这是天生而然的势位所造成的混乱。所以说：一旦形势造成了治平就不能扰乱，一旦形势造成了混乱就不能治平。这就是自然之势，而不是人为力量所能安排的势。这种势和贤有什么相干？

"怎么证明贤不贤的条件对于势治没什么相干呢？有一个卖长矛和盾牌的人，夸耀他的盾牌很坚固，说：'没有任何东西能刺穿它。'过了一会儿，又夸耀他的长矛说：'我的长矛非常锋利，任何东西没有不被它刺穿的。'有人反问他说：'拿你的长矛来刺你的盾牌，又如何呢？'那个卖长矛和盾牌的人回答不出来。因为这个没有任何东西能刺穿的盾牌和任何东西都能刺穿的长矛，在理论上是不能同时成立的。贤人运用威势，重在以德化民，是不作兴采取强制手段的，但威势统治是任何方面都得采取强制手段的，不加强制的贤治与无所不禁的势治，也是和长矛、盾牌一样不能并存的说法①。贤和势不能相容，也就很明显了。

"再说，像尧、舜和桀、纣这样的人物，一千世②才出现一次，等于肩并着肩、脚跟连着脚跟出生的怪胎③，难得一见。世上治天

---

① 贤势不相容，梁启雄《〈韩非子〉浅解》说明是："贤治与势治不相容"。比"贤者威武不能屈"的说法较合《难势》本文的旨意。

② 一世是三十年。

③ 比肩随踵而生，古书中有两种意义，一指人多，大家肩并着肩，脚跟接着脚跟；另一种意义是"似多而实寡"，追究因由，取意可能来自"比肩人"、"比肩民"，所谓连体怪胎等罕见特例。

下的人陆续出现的都是中等之才，我谈势也就是为了这些中才的国君。中等资才的君主，往好的方面说比不上尧、舜，从坏的方面说，也不会做桀、纣。他们如果抱定法制，掌握权势，就可以治好国家；违背法制，抛弃权势，国家就混乱。现在如果不运用势，不善用法，只愿等待尧、舜的出现，一定要像尧、舜那样的人才出现了，才能治好天下，结果是扰乱一千世才能有一次太平。如果守定法制，掌握威势，来等待桀、纣的出现，那么像桀、纣那样的暴君出现，天下才会混乱，结果是太平一千世才偶然有一次扰乱。太平一千世而扰乱一次，和太平一次而扰乱一千世，这中间的差异，就好像彼此乘着千里马背道而驰，相差的距离也太远了。

"抛弃了使用矫正曲木的器具的方法，去掉度量衡的工具，而叫奚仲①去造车子，那他连一个轮子也造不成；没有奖赏的鼓励和刑罚的制裁，抛弃了权势和法度，而让尧、舜挨家挨户地去劝导，恐怕连三户人家也管不好。由此可见，势确实可以采用是很明显的了，而说'一定要等待贤人'，也就不对了。再说，一百天不吃东西，一定要挑细粮、好肉才肯进食，饥饿的人就活不成；现在有人主张等待尧、舜那样的贤人才能治理当代的人民，这种主张就像教人等待细粮、好肉来救饥解饿的说法一样。

"假如说：好马坚车让奴仆驾御就被人笑，让王良驾御就可

———————————

① 奚仲，古代的巧匠，善于造车。

以日行千里，我不认为这话是对的。这好比等待善于游水的越国人①来援救溺水的北方中原人一样，越国人固然是善于游水，但是等他来到时，掉在水里的北方人却没有救了。要是说等待古代的王良来驾御现在的马，也就像等待越国人来救中原溺水的人的说法一样，行不通也就很明显了。假使好马坚车，每隔五十里设一个驿站，使中等的御者来驾御，要马跑得快跑得远，照样可以办得到，而千里的遥远路途，仍然可以一天到达，何必一定要等待古时的王良呢？

"况且，你所说的：驾御马车，不是让王良每天奔跑一千里，就是让愚拙的奴仆把车驾搞坏了；治理国家，不是尧、舜治好，就是让桀、纣来扰乱。这种说法正如同说：人对于口味，不是吃甜的糖浆、蜂蜜，就是吃苦的苦菜、亭历②。这是累积言辞，再三辩论，远离正理，不合辩术，成了走两极端的理论，怎么能用来责难慎子合乎道理的理论呢？贵客任贤的议论，还不及我这套势治的理论哪③！"

【解析】

韩非子接受慎子的任势理论，仍然另有补足，他提出了人设

---

① "越人之善游者"，"游"上各旧本有"海"字，依王先慎《集解》删。
② 亭历，又作"葶苈"，一种药草，味道很苦。
③ 第二段本是儒者辩驳慎子的言论，而儒者之议虽有不少道理，还是不及经过韩非子补足的势治理论。

之势。尧、舜与桀、纣之能治国或乱国，是天生帝位传袭使然，不是政治理论所能探讨的。韩非子认为仁慈智圣如尧、舜或贪暴昏聩如桀、纣的国君毕竟是少数，大多数的君主是中等资材，所以他提出人为可以安排的势（其实就是韩非子法术势并用的学说），只要能掌握威势，守定法度，中等智慧的君主便可以治理国家，不必冀望贤君安国，也不必畏惧暴君乱国。他可以说是煞费苦心，思索出来这么一套学说，为的是要寻求长治久安之计呀！

韩非子的矛盾说很有名，又见于《说难》，在这里他用来说明"贤势不相容"。儒者标榜的"贤治"重在以身示教，以德化民，不作兴采取强制手段；而"势治"却是要普遍而绝对地采取强制手段的。第二段儒者的论点，主张要由贤者来任势，韩非便借此驳斥贤人秉权任势矛盾难行。他提出了人设之势，只要能运用这套治术，"贤与不贤"便不成其为问题了，所以反问贤不贤有什么相干？再用矛盾律引出"贤势不相容"的结论，下文更进一步推断贤君不容易找，"待贤"不能济急。前后连贯一气，都是针对儒者贤者任势的论题而批驳的。

第二段儒者提及：势到了不肖之人手里，就如虎添翼，是很有力的论据。韩非子认为贤君与暴君都是"千世一出"，与其尚贤而"治一乱千"，宁愿任势而"治千乱一"，似乎没有十全十美的办法，那是因为君主世袭制度是天生帝位传袭，无可如何。十三世纪初年，西方人开始考虑用国会来制衡国君滥用权力，以免沦为暴虐的独裁；两千年前的韩非子却只能大力提倡君主集权的学说，列国分治、大夫专权的战国时代，最迫切的希望，是君主权力的集中。也因此，韩非子对儒者的驳论，只是避重就轻，轻轻带过。

他另一个论点"待贤不能济急"，认为尚贤过于固执不通，贤君不可期，一定强调贤君任势，岂非成了待贤而治？那当然不能济急！看他的譬喻多么生动有趣。不过，我们必须了解：儒家的尚贤，除了期盼君主向德成贤，还兼指选拔贤才辅佐国政，事实不可能"待"贤，因为绝没有虚着君位等待贤者的道理。韩非子的理论的长处是：他确实想到如何弥补"人存政举，人亡政息"的缺点，要以完备的制度，弥补完全取决于人的政治缺失。这无论如何是很难得的创见，也是人类政治学说的一个远程目标。

总括《难势》的做法，是由前辈法家慎到的势论引起，假设儒者尚贤理论来辩难，再由韩非子自己提出人设之势，一方面补足慎到理论的缺点，一方面排斥尚贤说的可行性。韩非子认为尚贤又欲任势，是矛盾的，批驳"贤者用势"的不妥；指出儒者"待贤而治"是不切实际，进而主张不必待贤，只要有"人设之势"，能抱法处势，中等之资的君主就可以好好治国了。

四、借赏罚来巩固权势

韩非子整套法、术、势并用的学说，任何一样都离不开赏罚。赏罚是法的两大项目；赏罚是术的两样工具；赏罚是势的有力表现。就势方面来说，能掌握赏罚，权势才能稳固。至于赏罚的问题，就应该同时参阅法与术的有关理论，才能有完整的认识。

（一）顺应人情而制定赏罚

大凡治理天下，必定要顺应人情。人情有喜好，有憎恶，所以赏罚可以运用来奖劝惩戒。也因此可以制定法令，某些事禁止去做，做了有罚；某些事鼓励去做，做了有赏。国君掌握权柄，任用威势，所以有命令，百姓就奉行；有禁约，百姓就停止。权柄是控制臣民生杀的大权；威势是驾御民众的凭借。君主如果毫无原则地胡乱废除和设置法度，那么权柄就败坏了；赏罚的大权如果由君主和群臣共同掌握，君主的威势就分散了。

赏最好是越优厚越好，让人民觉得有利；称誉最好是越完美越好，让人民觉得荣耀；诛罚最好是越严重越好，让人民觉得畏惧；诋毁最好是越丑恶越好，让人民觉得羞耻。(《八经·因情》)

【解析】

顺应人情而立定赏罚，赏罚便是君主控御臣民的凭借。君主掌握生杀大权，绝不能与臣子共同分掌。厚赏重罚，并且与毁誉相配合，乃是赏罚的重要原则。

（二）太公望诛杀狂矞、华士

太公望被分封在齐国。齐国东边海滨有两个居士，名叫狂矞（yù）、华士兄弟俩。他们立下规条说："我们不向天子称臣，不与诸侯交往，自己耕作就有的吃，挖掘深井就有的喝，我们不向别人求助。在我们之上，不要有天子的名义，我们不接受国君的爵禄，不靠做官领薪俸，而靠自己的劳力为生。"太公望到了齐国都城营丘，派官吏把他们抓来杀了，这是第一个杀人惩罚的例子。

周公旦在鲁国听到消息，派接力快马传递，询问说："这两个人是贤者啊！您今天刚分派到封地享国，却杀了贤者，为什么呢？"太公望回答说："这两个人有一套学说，照他们的说法，我不能使他们臣服，我也不能使他们听我差遣。他们耕作就有的吃，掘井就有的喝，无求于人，自力更生，那我就没法子用赏来奖励，用罚来戒止。再说，他们不承认天子，即使再智慧，也不能为我所用；不仰靠君主的俸禄过日子，那么即使再贤德，也不能为我尽力；他们不肯仕进，就不能为我处理官务；不担任职务，就不能对我忠心。过去先王差遣百姓，不凭爵禄，就是靠刑罚，现在四样都对他们不起作用，那我还当什么国君哪！他们两个人，不执兵器、穿铠甲作战，也不深耕细耘，却有处士的高名，这不是教化百姓的办法。

"打个譬喻吧！这儿有一匹马，看样子很像天下最好的千里

213

良骥。但是拿鞭子驱赶，它不向前；勒紧络头，它也不后退；要它向左它不向左，要它向右它也不向右。那么即使最愚拙卑贱的奴仆，也不肯骑它来代步。狂矞、华士自认是贤士，却不肯为人主所用，行事再贤德不过，却不为国君所用，这不是英明的君主所能臣服的，就和不能驱策它左右奔驰的千里马一样了。所以我杀了他们！"（《外储说右上》）

【解析】

太公望杀狂矞、华士，并没有确定的犯罪证据，过去有些学者认为韩非子赞成"刑杀不辜"，是不能饶恕的罪孽（见王充《论衡·非韩》）。其实，细看这段文字，韩非子是有很深刻的用意的，他用法家的观点，否定了道家高蹈派的社会价值与个人修养。若从人类群体的进化情形来说，团体与国家意识的培养还是很重要的，那么韩非子这段理论便不能一笔抹杀了。

个人是国家的一分子，每个人都该为国家尽一份本务。如果只是自私地离群索居，虽有才德，对国家毫无贡献，便不是好国民。倘若这些离群索居的"贤士"，还颇负声名，备受礼遇，使很多百姓跟着效尤，那就不仅对国家无益，甚至是有害了。他们的存在，扰乱法制，也使教化不能推行，"乱法易教"在法家看来，是很严重的罪过，因而太公望杀了他们。

有人说太公望在齐国用的是法家政策，周公旦在鲁国行的是儒家学说，或者应该说齐鲁两国的基本政策，是法家与儒家的学说渊源所在，至少，《韩非子·外储说右上》的这段议论就是如此。

（三）赴汤蹈火是赏罚的功效

越王勾践看到鼓气的青蛙，就靠着车前横木向它敬礼。车夫问勾践："为何向它致敬呢？"勾践说："青蛙能像这样鼓气，怎能不向它致敬！"境内的士人听了都说："青蛙鼓气，大王还向它致敬，何况士人有胆勇的呢！"这年，有人自刎而死，交代家人把头颅献给国君。

越王准备报复吴国的仇恨，就先试验自己的教训成果：他吩咐放火烧了高台，击鼓让人民向火堆前进，那是因为不怕火而勇往直前的有赏啊！面临大江，击鼓让人民往水里前进，那是因为不怕水而勇往直前的有赏啊！打仗的时候，让人民断了头，剖了腹，而勇往直前，没有反顾的心理，那是因为勇于作战的有赏啊！又何况按照法令推荐贤者，它的奖励作用就更大了[1]。（《内储说上》）

【解析】

《二柄》中说："越王好勇而民多轻死。"越王勾践十年生聚，十年教训，刻刻不忘报仇雪耻，他奖励武勇，鼓舞士气，很费一番心神。本文提及他向鼓气的青蛙敬礼，于是就有人自杀遗嘱要

---

[1] 原文"其助甚此矣"，依顾广圻《韩非子识误》，改"助"为"劝"。

把头献给国王。又因为信赏必罚，勇士们不顾水火，勇往直前；作战的时候，也是视死如归，义无反顾，真所谓"赴汤蹈火，在所不辞"了。

（四）必罚明威

子产做郑国的卿相，病危临死的时候，他告诉游吉[①]说："我死了以后，您一定会执掌郑国的国政，记住一定要以威严来治理人民。谈到火的形态，威猛严厉，所以人们很少被火灼伤的；水的形态，则是柔弱温和，所以人们常常被水淹没。您一定要使自己看来威严猛厉[②]，不要显得柔弱温和，使百姓轻易犯法。"

子产死了以后，游吉不愿意显现威严猛厉的姿态。[③]结果郑国的少年结伙做盗贼，聚集在萑泽[④]准备作乱。游吉率领车队、骑兵与少年们作战，经过一天一夜，才勉勉强强制伏他们。游吉长叹一口气，说："我真后悔不听子产的告诫，如果早早照着子产的指示去做，就不会落到这个地步了。"（《内储说上》）

---

① 游吉，郑国的大夫子太叔。
② 原文："子必严子之形"，王先慎《韩非子集解》依明朝人的本子，改"形"为"刑"，不如宋版乾道本"形"字的立义好。
③ 原文："游吉不肯严形"，王先慎依明朝人的本子，改为"游吉不忍行严刑"，意思虽明切，不如乾道本贯串，这里仍用乾道本原文。
④ 萑泽，《左传·昭公二十年》作"萑苻（huán fú）之泽"，是芦苇丛生的沼泽地带，容易成为盗贼隐匿的处所，后人于是把盗贼聚集、隐匿的地方（盗薮）叫作"萑苻"。

【解析】

子产（？——公元前五二二年）在郑国执政二十几年，很能因应时代环境的需要，采取一些革新的措施，所以郑国虽然弱小，还能自我保全。由于郑国公族庞杂，很难约束，常有审断讼案不够公平，判刑轻重不够妥善得宜的情形，他深觉以往的法令含有阶级性与秘密性，已经不足应付需要，于是为了"救世"，他不顾非议，毅然采行明文公布的法令，把刑律规定刻铸在鼎上。这番抱负与作为，完全合乎法家的主张，可以参阅本书第二章、三、（一）。

本段文字，则是强调：为政者树立威严，使臣子谨慎守法，有杜防犯罪的作用。俗话说：水火无情。水与火的外形给人的感受并不相同：火看来威猛可怕，人们提高警觉，很少被灼伤；水看来柔弱可亲，人们疏忽大意，常常被淹没。为政者的威严，足够吓阻百姓不致犯法，当然还要靠法令的严明必行，这可以参阅本书第二章、四、（七）。

《左传·昭公二十年》有一段与《韩非子》相似的记载，应该是韩非子根据的资料。文末附有孔子的批评，主张"宽以济猛，猛以济宽"，表现了儒家冲和中庸的特色。斟酌实际情形，宽猛相济，该是最理想的政治了。但是，子产凭着实际的政治经验告诫自己的接棒人要树立威严，自有他实际的效用。我们由后来游吉治国的结果，便可以得到答案了。

（五）不该慈惠乱了赏罚

魏惠王对卜皮①说："你在外面听说寡人的声望如何？"卜皮回答说："我听说大王慈爱惠施。"惠王高兴地说："如此说来，将来寡人的功效会到什么境况？"卜皮回复说："大王的功效会导致灭亡。"惠王说："慈爱惠施是行善事，行善事竟会导致灭亡，是什么道理？"

卜皮解释说："慈爱就不忍心，而施恩惠就好施与。不忍心，就不诛罚有过失的人；喜好施与，就不等待有功劳而赏赐。有过失不加罪处罚，没功劳却受赏赐，即使说将来要导致灭亡，也没什么不对呀！"（《内储说上》）

【解析】

《韩非子》书中，常提及反对慈爱惠施，倒不完全是虎狼心肠，而是顾虑到：心存慈爱与多方施与，往往会忽略赏罚的客观标准，影响治国的绩效。他反对滥赏滥罚，同样是由于冷静的思考而得的结论。

---

① 卜皮，魏国的臣子，下文说他做过县令。

(六) 赏罚得宜比近悦远来妥当

叶公子高[①]向孔子请教为政的道理，孔子告诉他："为政的道理在于：使近地方的人心悦诚服，远地方的人远来归附。"因为封地的附城大、都城小，人民有反叛的心理，所以孔子告诉他要这么做。

孔子应对的一番话，是亡国的言论哪！顾虑叶邑的人民有背叛心理，而说动他要"使近地方的人心悦诚服，远地方的人远来归附"。那就是教导人民怀念恩惠。用恩惠为政，没功劳的受赏赐，有罪过的赦免，这是法制败坏的原因哪！法制败坏，政治就混乱；政治混乱，人民就怨叛。拿混乱的政治去治理怨叛的百姓[②]，是行不通的。而且百姓有背叛的心理，那是君主的明察不够周遍的缘故。孔子不指导叶公如何明察，却要他"使近地方的人心悦诚服，远地方的人远来归附"，那是抛弃可以令行禁止的威势不用，而要他行使恩惠来争取民心，这不是能掌握威势的主张。

谈到尧的贤明，是六王[③]之中首屈一指的，但舜待人民有恩，他一迁徙，百姓跟着迁徙，所到之处成了都邑，而尧就没有天下

---

① 叶公，楚国大夫，沈尹戌之子，名诸梁，字子高。楚国僭越名分，国君称王，大夫称"公"。

② 参阅联贯出版社《韩非子选》，作"法则而政乱，政乱而民叛，以乱政治叛民，未见其可也。"

③ 六王，指尧、舜、禹、汤、文、武。

了。如果说：做国君的没有方术约禁在下的臣子，只是希冀学习舜那种施惠与民的做法，那不是很不懂君术的吗？

英明的君主能够在微细的地方发现小的奸行，所以人民不可能有重大的反叛计谋；能够在奸行还细微的时候就行使小小的诛罚，所以人民不可能有庞大的动乱。这叫作"想处理困难的事情，须趁它还细小的时候"①。

现在有功绩的人一定要赏赐，受赏的人不必感激国君，这是他能力所得的啊！有罪过的一定要诛罚，被诛的人不能埋怨君上，这是他犯罪所产生的后果啊！人民知道诛罚奖赏都由本身的行为引起，所以努力本业，以求功绩利益，而不侥幸贪图国君额外的赏赐。所以说："最上等的国君治理天下，是让人民知道只要尽力就有功有赏，不懂得期盼国君随意赏赐。"②人民不懂得喜好国君的恩惠，又哪里会有感怀恩惠跟着迁徙的百姓？最上等的国君治下的人民，是自尽其力、安分守己的，不懂得利害争执。孔子告诉叶公要"悦近来远"，真可以不必说的了。（《难三》）

【解析】

这段文字针对孔子应答叶公子高问政的话题有所驳斥，另提

---

① "图难于其所易也，为大于其所细也。"系引《老子·六十三章》："图难于其易，为大于其细。"而稍增字。

② "太上，不知有之"，见《老子·十七章》，取义与老子本义不尽相同。

出任势主张。

孔子因为叶民有背叛的心理，便借机会告诉叶公子高应该"悦近而来远"。以儒家的学说看来，修身齐家之后治国便得使近者悦服、远者来之，才有可能达到平天下的境地。"悦近来远"并不足怪。但韩非子由另一个角度，另一种尺度来衡量，意义便不同。他认为这么做是和臣下争夺民心，让百姓心怀侥幸；既不知任用威势，令行禁止；也不知用术，明察臣民的奸情。其次，他取用道家的学说，强调趁事情微细尚易处理的时候，及早处理，便不愁人民背叛；赏罚运用恰当，受赏受罚都由于人民实际行为而决定，因此，一切照法令从事，人民不必怀恩，感激君主的赏赐，也无从埋怨，怨恨君主的刑罚。这不是我们二十一世纪期盼培养的守法守纪、安分守己的好国民吗？这也是明法去私的结果呀！

第五章 韩非子对谏说技巧的探讨

《说难》赏析

《韩非子》第十二篇《说难》，司马迁写《老子韩非列传》时，曾经把全文誊录一遍，足见他对《说难》的激赏。《说难》陈述游说的困难，分析游说成功与失败的原因，条理清晰，举证完备，布局精巧，文笔锋利，是值得一读的好文章。

韩非子亲眼见韩国日渐削弱，好几次上书韩王，韩王没能任用他，想象中，他吃过不少苦头，对于谏说困难，领会必定十分深刻。《说难》反映出战国时期君主的淫威，可供研究古史的参考；而韩非子主张积极进取的观点，以及标示最高的谏说成功境界，也很值得注意。

以下仍是逐段叙译解析，把《说难》介绍给读者。《韩非子》第三篇《难言》，是一篇奏书，说明陈述言论的困难及患害，冀望人主熟察，可以与《说难》并读会观。

（一）谏说困难不在于说者本身

谈到谏说人君很困难，困难的不在于我的智慧是否足够说服国君，也不在于我的辩才能否表达我的心意，更不在于我是否敢于毫无顾忌地说尽我该说的话。谏说困难，难在于必须了解所要谏说的对象的心理，进而拿最妥帖、最合宜的言语去投合他。

所谏说的对象，如果是想求得高洁名声的人，而我却对他谈论一些如何能获取厚利的话，那么就要被看成鄙俗而给以低贱的待遇①，结果必定被弃置不顾，要被疏远的了。所谏说的对象，如果一心一意想获取厚利，而我却拿求取高洁名声来游说他，那么就要被看成不知留心世事，迂阔不切事理，结果一定不会录用的了。所谏说的对象，如果是暗里图谋厚利而外表上装作喜好高洁名声的样子，而我却拿求取高洁名声的道理去游说他，那么他就表面收用我，实际疏远我；若是拿求取优厚利益的道理去游说他，那么他就暗地里采纳我的言论，表面却要弃我不顾。这是不能不细细体察的。

---

① 原文"则见下节而遇卑贱"，"下节"见《文选》张景阳诗："阳春无和（hè）者，巴人皆下节。"阳春白雪，是曲高和寡，下里巴人则是鄙俚通俗的歌曲，"下节"可解为俚俗、鄙俗。

【解析】

诫说之人的见识、辩才、胆量，很有可能构成谏说困难的因素，韩非子认为问题都不在这些，难的是如何了解游说对象的心理，再进一步去投合他。麻烦的是这些为人君主的，多数很复杂，单纯的好名或好利之外，有的表面是一种形态，实际又是一种心理，要想摸透他们的心思，用最合宜的言论去游说，真不简单。

《孟子》书一开始就是梁惠王说："老先生，您不远千里来到敝国，该对我国有些什么利处吧！"这表露他要的是"厚利"。孟子却表明立场，说："大王何必说利呢？我要谈的不过就是仁义罢了。"孟子是要提倡仁义，来矫正当时一般人唯利是图的弊病，但他所说的并不合梁惠王的心意，《史记》说孟子被认为是"迂远而阔于事情"，其中的道理，正是《说难》所谈的呢！

后来孟子再到齐国，他对齐宣王百般诱导，劝宣王"保民而王"，齐宣王是表面好名，实际好利的人，所以对孟子"阳（佯）收其身而实疏之"，过了一段日子，孟子觉得齐宣王没有诚意，去告辞，准备远走，他又假惺惺地说："我正想在国内给您准备房子讲学，拨万钟粟米让您供养弟子！好可惜呀，您却要走了！"（《孟子·公孙丑下》）这一切反应也在《说难》的议论之中。

（二）谏说的人有七件足以危身的事

事情要保守机密才能成功，机密泄漏了就要失败[①]，不一定是说者本人泄漏了机密，但说者无意间谈到了对方所要隐匿的秘密事情，这样，说者本身就会遭到危险。

对方表面有所行事，实际却是为了达成其他的目的，说者不仅知道他所做的事而已，还知道他做这事的实际意图，这样，说者本身就会遭到危险。

说者替人主规划重大的事情，合了对方的心意。局外的聪明人猜测到这项大事，事机泄漏，对方一定以为是说者泄漏出去的，这样，说者本身就会遭到危险。

关系还不够亲密，交情还不够深厚，却竭尽智虑，说些相知甚深的言语。他的主张被采纳并因此获得成功，他就要被嫉妒[②]；他的主张不能实行，甚至误了大事，他就要被猜疑。这样，说者的本身就要遭到危险。

尊贵的人如果有些错误的行为，说者公开地拿些大道理去张扬他的恶行，这样，说者本身就会遭到危险。

尊贵的人有时候规划事情得当，想自己居功；说者却了解这

---

① 原文"夫事以密成，语以泄败"，《史记》引作"而以泄败"，意思比较贯串。
② 原文"说行而有功则德忘，说不行而有败则见疑"，"德忘"两字，依陶鸿庆《札记》改为"见忌"，被嫉妒与被猜疑，古人常并排使用，取义较佳。

件事，这样，说者本身就要遭到危险。

　　勉强他做些他做不到的事，阻止他做些他不能自已的事，这样，说者就要遭到危险。

【解析】

　　春秋战国时代，许多士庶人都学得一身好才辩，却必须游说君主，求取一官半职，才能施展抱负。但他们的生命并没有什么保障，政治复杂，君主也复杂，各种因素不能彻底了解，一旦游说君主，不能摸透人主的心意，便无法进言。即使摸透了人主的心意，说话的时候还得小心不要触犯忌讳，更得祈求上苍保佑，国君的很多机密不要在那个时候泄漏，否则脱不了干系，生命就难保了。

　　就第二件事来说：齐桓公曾和蔡姬一起划船，蔡姬好玩，故意把船兜得团团转，弄得桓公这山东大汉晕头转向。他气昏了，就把蔡姬遣送回娘家。蔡国的国君也生气，干脆把蔡姬嫁了。齐桓公很懊恼，就派军队去攻打蔡国，声讨蔡国不该依附南方的楚国。其实，讨伐蔡国人依附楚国，是表面行动；痛恨蔡姬改嫁，才是真正的目的。（详见《左传·僖公三年》及《韩非子·外储说左上·说三》）

　　就第三件事来说：汉朝霍光接受汉武帝托孤，辅佐昭帝，不幸昭帝早崩，没有子嗣，就立了昌邑王，昌邑王却荒淫无度，霍光与张安世计谋废昌邑王，另立贤君。刚巧夏侯胜劝谏昌邑王，说"有些臣子计谋要废了国君的"，左右有人把这消息告诉霍光，霍光就责备张安世。其实夏侯胜谏说，是个人推理判断，张安世并没有泄漏机密，只是在霍光的看法，张安世确实脱离不了干系。（详见《汉书·夏侯胜传》）

就第五件事来说：韩愈《谏迎佛骨表》，措辞耿直，得罪唐宪宗，差点被砍头，因宰相裴度一再求情，才贬到潮州当刺史。他之所以惹祸，便是公开张扬了人主的缺点。

就第七件事来说：楚霸王项羽要衣锦荣归，称王江东，而说者劝他建都关中，便是勉强他做些做不到的事。龙逢、比干谏纣王；汉景帝决心废栗太子，而周亚夫想阻止他，都是"止以其所不能已"。

以上这些例子强调：游说的时候，偶有触犯就难于逃避灾害，以见谏说之难。

（三）谏说的人有八件事要遭受轻视

说者要是和君主谈到有地位的公卿大人有些什么错失，他就要怀疑说者要离间他们君臣之情。说者要是和君主谈及一些没有地位的小人物有些什么特别，他就要认为说者有意借重君主的权势推荐这些人。

如果谈到国君喜爱的人，君主就要认为说者是要依托君主所宠爱的人来作为自己晋升的凭借。如果谈到君主所憎恶的人，君主就要认为说者是要借此来试探自己的心情。

如果说者说话直截了当，君主就要认为他不聪明、太笨拙。如果说者不嫌琐细，多方辩说，君主就要认为他话说得太多，酸腐不堪[1]。说者要是只简单叙述大意，君主又要说他懦弱胆小，不敢尽畅其言。说者要是议事广泛，毫无顾忌，君主又要说他粗野傲慢。这一切都是游说的难处，不能不知道的。

【解析】

谏说的人与国君的关系不够密切，国君位高权大，对于谏说的臣子与外来的说客不免多加提防，猜疑苛忌也是意料中事，所以韩非子预想各种不能投合的状况，极尽形容游说取信于君主的困难。

（四）委曲陈辞迎合欢心的各种方式

大凡游说的要务，在于知道如何去美化对方自负自傲的优点，替他委婉掩盖羞愧的缺点。如果他有私人的急事，说者就该用大道理指引他如何做就合于公义，鼓励他去做。他若有卑下的意图，然而又不能自我克制，说者就该为他夸饰这件事的好处，并说不做是很可惜的。当他有某种高尚的意图，但实际上又做不到，说

---

[1] 上句"径省其说，则以为不智而拙之"，《史记》"拙之"作"屈之"。下句"米盐博辩，则以为多而史之"，"米盐"比喻细碎之物，仪礼"辞多则史"，意思是引经据典，多言酸腐。"史"原作"交"，《史记》作"久"，据顾广圻《识误》征引《韩非子·难言》改。

者应该给他举出这意图可能带来的过错及坏处，而赞美他不曾去做。要是他想炫耀自己的智能，说者就应替他多举一些同类的事例，多为他提供参考资料，让他借助说者的暗示而能骋辞畅言，说者却得装作不知道，用这方法来资助他逞现智能。

要是说者想进献为国家谋生存的忠言，就一定要以最好的名义来说明这个道理，并隐约地暗示这是合乎他私人利益的；要是说者想陈述危害国家的事情，就要公开地向他说明这么做是要惹人毁谤的，并隐约地暗示这是对他自己不利的。

其他人有跟国君同样行为的，就赞美他；其他事有跟国君所做的事同样计谋的，就加以规划。如果有人与君主有同样的污点，就必须多方面加以掩盖，说这并没有什么妨碍；要是有人和君主一样规划事情失败了，就要公开粉饰，说这算不了什么失败。

如果对方夸耀自己能力很强，那就不要拿困难的事去困抑他；他要是自认为果断勇决，那就不要拿他的过错去激怒他；他要是自认为计谋明智，那就不要拿他失败的事情去使他窘迫。陈说的大意和他没有什么抵触，言辞没有什么摩擦[①]，然后就可以尽量发挥自己的辩论了。这正是谏说的人借以亲近君主、不被怀疑，而可以尽畅其言的办法。

[①] 原文"大意无所拂忤，辞言无所击摩"，《史记》"意"作"忠"，不妥。"击摩"即摩擦之意，有些本子作"系摩"，仍得解作"击摩"。"大意"，王先慎《集解》主张改为"大怒"，指君主盛怒的时候，取意不错，可备一说。

【解析】

这里提供许多委婉陈词的方式，竭尽心力与君主周旋，更见得谏说困难。

谏说的重点在于"知饰所说之所矜而灭其所耻"，这是总纲领，下文各种方式都由此拓衍出来。

《孟子·梁惠王下》记载：孟子劝导齐宣王行王政、保其国、保天下。齐宣王推托说：寡人有好勇、好货、好色的毛病。孟子婉转告诉他：过去周武王也好勇、公刘好财货、太王好女色，但他们都能推己及人，武王一怒而安天下之民，公刘让人民家家仓库有存积的粮，出门的人也备有干粮，太王让天下男女各成婚配。只要大王能以天下百姓为念，兼及他们的福利，这些小毛病岂不都成了"公义"了？

《孟子·公孙丑下》记载：齐宣王很惭愧没听孟子的话，早早从燕国撤兵，结果燕人背叛，不肯归附。齐国大夫陈贾安慰他说："大王自以为与周公比较，哪个较仁厚而且明智些？周公在仁智方面都还做得并不完善，何况是王呢？"他这种议论虽有些嫌强辩，但对齐宣王而言，觉得不及大圣人已不足为耻，那份"卑下"自愧的心理就被巧妙隐匿掩盖了。陈贾可以说是善于说辞。

《战国策·赵策》"赵太后新用事"，触龙（一说謋，音 zhé）建议还是让长安君到齐国当人质，解除秦国的包围，那样就"有功于国，亦可自托于赵"，前者就公的方面说，后者就私的方面说，这正是进献为国家谋生存的言论。胡铨"戊午上高宗封事"，就金人诈伪，力言绝不可屈膝求和，这是公开示以大义；又说万一真用奸臣之计求和，"天下后世谓陛下何如主？"拿后人的史评，千秋万世之名，来暗示宋高宗这么做对他自己不利。这正是陈述危害国家的事情的技巧。

（五）谏说成功的最高境界

当初伊尹做过厨子，百里奚做过奴仆，都是为了请求他的君主采用他的主张。这两人都是圣人，但是还不能不亲自从事卑贱的事以求得进用，他们是如此的不辞卑污哇！现在要是让我去做厨子、做奴仆[1]，国君就可以听信我、任用我，能施展抱负，振救当代的社会，那并不是贤能之士引以为辱的事啊！等到与国君相处久了，关系密切，恩泽深厚了，替君主深入地计谋而不受猜疑，援引事理争论而不致怪罪，那么就可以明切地剖析利害，使他获得成功，直截了当地指出君主的是非，使他能够改正。君臣能够这样长久彼此相对待，这样谏说便算是成功了。

---

[1] "今以吾为宰虏"，是个假设句子，"宰"（厨子）与"虏"是人，"吾"也是主格，意思明切，旧本"吾"下多"言"字，不妥。依高亨《韩非子补笺》删。

【解析】

　　法家的进身之道，显然和儒家不同。儒家讲究立身出处有操守，如果不合义理，即使富贵也不能淫惑，威武也不能使他屈服。但韩非子这里所提的却是另一种态度，只要能得到人主的信任，可以施展抱负，振救时局，他认为小节出入不必计较，所以拿伊尹做厨子、百里奚做奴仆当作榜样，卑躬屈膝在所不惜。

　　《孟子·公孙丑》提及伊尹的哲学是："何事非君？何使非民？治亦进，乱亦进。"任何典型的君主，任何形态的百姓，他都有办法辅佐、治理；天下太平抑或混乱，他都有因应之道。这该是最积极进取的政治哲学，他该是最有自信的政治家了。韩非子救世心切，要以伊尹、百里奚为榜样，他的心志自然也令人敬佩。

　　孔门四科，言语应对也是读书人必习的项目。照上段委婉陈词的办法，很有些傲骨才人要不屑一为，但看韩非子把"深入计谋"、"据理力争"、"明割利害"、"直指是非"当作游说的最后目标，即使儒家讲求的耿介骨鲠的谏诤大臣也不过如此。从这段文字，我们可以了解：韩非子亟欲用世却又具备了辅弼谏诤的大臣风范，绝不是逞口舌之利，夤缘巴结，求取利禄而已。

（六）判断正确还得应对合宜

过去郑武公想征伐胡国^①，故意先把女儿嫁给胡国的国君做妻子，来讨他的欢心。过后不久，他问群臣说："我想对外用兵，哪一国可以攻打呢？"大夫关其思坦率地回答说："胡国可以攻伐。"武公大发脾气，说道："胡国是与我有婚姻关系的国家^②，你说可以攻伐，是什么意思？"就把关其思杀了。胡国的国君听到了这件事，以为郑国和自己亲密，于是就不再防备郑国。郑国趁机袭击胡国，把它吞灭了。

宋国有个富人，天下大雨，他家的墙壁被冲毁了。他的儿子说："如果不赶快修好这堵墙，必定会有盗贼来。"他邻家的老头也这么说。到了晚上，他家果然遭小偷，损失了不少钱财。他家的人都非常夸赞儿子聪明，却怀疑邻家的老头儿。

上述关其思和邻家老头儿的话都说对了，但他们两人严重的遭到杀戮，轻的就被怀疑，可见并不是知道事理困难，知道事理之后如何采取合适的态度才是真正的困难。所以秦国大夫绕朝^③

---

① 胡，是春秋时一个国家的名称，地点在后来的颍州，现在安徽阜阳。

②《史记·张仪传》：秦楚娶妇嫁女，"长为兄弟之国"。兄弟是婚姻关系的称呼。

③ 绕朝，秦大夫。以下文字《史记》无。晋大夫士会逃亡到秦国，晋人用诈谋诱他回国，绕朝劝秦伯别让士会回去，秦伯没接纳。士会临走时，绕朝跟他说："你别认为我们秦国没有人才，只是我的计谋适巧不被采用罢了。"但绕朝被杀的事，《左传》与《史记》都没记载，也许韩非子另有所本。

的话说对了，他在晋国看来是圣人，在秦国却被杀戮，这是不可不仔细省察的。

【解析】

"非知之难也，处知则难。"关其思与邻家老头的判断都没有错误，但结果被杀、被疑，那是他们说话没顾虑到其他客观条件。郑武公伐胡，计谋还在保密阶段，关其思谈到他还要隐匿的事，只好成了牺牲品，实在很冤枉。

邻家老头与富家关系不够深厚，交浅言深，不能取信于人，反而遭人猜疑，也是很不划算的事。

这两个例子，可以用来证明第二段足以危身的两件事：那就是第一件与第四件，由此显示，迎合人主心意真是太困难了。

（七）观察人主的爱憎心理再进言

从前弥子瑕很得卫灵公的宠爱。卫国的法律：凡是私自驾用国君车子的人就要受断足的刑罚。有一次，弥子瑕的母亲生病了，他的家人连夜赶来告诉他，他就假称国君的命令，私自驾了卫灵公的车子出去。卫灵公知道以后，认为他贤德，称赞他说："真是孝顺哪！为了母亲的病，竟然忘记自己触犯了断足的刑罚。"

又有一天，弥子瑕和卫君在果园游玩，他摘了一个桃子吃，觉得滋味很香甜，没有吃完，就把剩下的一半给卫灵公吃了。卫灵公说："子瑕真爱我啊，忘记自己口味的享受，把好吃的桃子给我吃。"

等到后来弥子瑕容貌衰老，卫灵公对他的宠爱疏淡了，有一次他得罪了卫灵公，卫灵公就怪罪说："弥子瑕曾经假称我的命令，私自驾用我的车子，又曾经把吃剩的桃子给我吃。"

这样看来，弥子瑕的行为和以前并没有不同，可是当初被卫灵公称赞，后来却怪罪他，原因就在于卫灵公心中的喜爱和憎恶起了变化啊！所以一个人被人主宠爱的时候，他的聪明才智都能合人主的心意，人主对他也特别亲近；当他被人主憎恶的时候，他的聪明才智都不合人主的心意，要被怪罪，人主对他也更加疏远。因此，谏诤谈论的人，不可不事先仔细观察人主的爱憎如何，然后再进言。

【解析】

这段提及弥子瑕先被宠爱，后被疏远，宠爱时一切行为都可以找出很好的赞美理由，即使犯罪也不妨碍；等到宠爱疏淡了，一点小事就足以得罪君主，还要翻翻老账，对过去赞美过的行为重新科定罪过。韩非子借这事例，说明君主的爱憎，足以影响他的决断，谏说之前也不能不考虑，足见巴结人主，确实困难哪！

（八）别触犯了人主的逆鳞

谈到龙这种动物，可以由人驯熟了骑在身上的，但是它的喉下倒生着直径一尺左右的鳞片，要是有人碰触了它，它就会伤害人。人主也同样有倒生的鳞片，谏说的人要是能不触犯人主的逆鳞，就差不多可以了。

【解析】

在君主专制时代，君主的裁决几乎就是国法，而这种裁决或多或少仍受他个人习性的影响。韩非子拿龙来譬喻，国君是可能与你相处娴熟的，他信任你、爱护你，可以像第五段所说的，由你深入计谋而不猜疑，据理力争而不怪罪。像古代齐桓公之于管仲，唐太宗之于魏征，真是信任专一而长久。但是，每个君主也都有他的一些怪习癖，犹如龙喉下倒生的鳞片一样，碰触不得；要谏说，求得君主的信任，以便施展抱负，救世匡俗首先得摸清人君的特殊习癖，避免触犯他的忌讳。劝诫谏说的人，不要触犯人主的逆鳞，这是总括全篇大意，极力描摹谏说的困难了。

附录一　原典精选

二柄

明主之所导制其臣者，二柄而已矣。二柄者，刑、德也。何谓刑德？曰杀戮之谓"刑"，庆赏之谓"德"。为人臣者畏诛罚而利庆赏，故人主自用其刑、德，则群臣畏其威而归其利矣。故世之奸臣则不然：所恶则能得之其主而罪之，所爱则能得之其主而赏之。今人主非使赏罚之威利出于己也，听其臣而行其赏罚，则一国之人皆畏其臣而易其君，归其臣而去其君矣。此人主失刑、德之患也。

夫虎之所以能服狗者，爪牙也；使虎释其爪牙而使狗用之，则虎反服狗矣。人主者，以刑、德制臣者也；今君人者释其刑、德而使臣用之，则君反制于臣矣。故田常上请爵禄而行之群臣，下大斗、斛而施于百姓，此简公失德而田常用之也，故简公见弑。子罕谓宋君曰："夫庆赏赐予者，民之所喜也，君自行之；杀戮刑罚者，民之所恶也，臣请当之。"于是宋君失刑而子罕用之，故宋君见劫。田常徒用德，而简公弑；子罕徒用刑，而宋君劫。故今世为人臣者，兼刑、德而用之，则是世主之危甚于简公、宋君也。故劫杀拥（壅）蔽之主，兼失刑、德而使臣用之，而不危亡者，则未尝有也。[见本书第三章、三、（一）]

人主将欲禁奸，则审合刑（形）名；刑（形）名者，言与事也。为人臣者陈而（其）言，君以其言授之事，专以其事责其功，功当（dàng）其事，事当其言，则赏；功不当其事，事不当其言，则罚。故群臣其言大而功小者则罚，非罚小功也，罚功不当名也。群臣其言小而功大者亦罚，非不说于大功也，以为不当名之害，甚于有大功，故罚。昔者韩昭侯醉而寝，典冠者见君之寒也，故加衣于君之上。觉寝而说（悦），问左右曰："谁加衣者？"左右对曰："典冠。"君因兼罪典衣与典冠。其罪典衣，以为失其事也；其罪典冠，以为越其职也。非不恶寒也，以为侵官之害甚于寒。故明主之畜臣：臣不得越官而有功，不得陈言而不当。越官则死，不当则罚。守业其官，所言者贞也，则群臣不得朋党相为矣。[见本书第三章、三、（二）]

人主有二患：任贤，则臣将乘于贤以劫其君，妄举，则事沮不胜。故人主好贤，则群臣饰行以要君欲，则是群臣之情不效；群臣之情不效，则人主无以异其臣矣。故越王好勇而民多轻死；楚灵王好细腰而国中多饿人；齐桓公妒而好内，故竖刁自宫以治内；桓公好味，易牙蒸其首子而进之；燕子哙好贤，故子之明不受国。故君见（现）恶，则群臣匿端；君见（现）好，则群臣诬能；人主见（现）欲，则群臣之情态得其资矣。故子之托于贤以夺其君者也，竖刁、易牙因君之欲以侵其君者也。其卒，子哙以乱死，桓公虫流出户而不葬。此其故何也？人君以情借臣之患也。人臣之情非必能爱其君也，为重利之故也。今人主不掩其情，不匿其端，而使人臣有缘以侵其主，则群臣为子之、田常不难矣。故曰："去好去恶，群臣见（现）素。"群臣见（现）素，则人君不蔽矣。[见本书第三章、三、（二））]

孤愤

智术之士，必远见而明察，不明察不能烛私；能法之士，必强毅而劲直，不劲直不能矫奸。人臣循令而从事，案法而治官，非谓重人也。重人也者，无令而擅为，亏法以利私，耗国以便家，力能得其君，此所为（谓）重人也。智术之士，明察听用，且烛重人之阴情；能法之士，劲直听用，且矫重人之奸行。故智术能法之士用，则贵重之臣必在绳之外矣。是智法之士与当涂之人，不可两存之仇也。

凡当涂者之于人主也，希不信爱也，又且习故。若夫即主心同乎好恶，固其所自进也。官爵贵重，朋党又众，而一国为之讼。则法术之士欲干上者，非有所信爱之亲，习故之泽也；又将以法术之言矫人主阿辟之心，是与人主相反也。处势卑贱，无党孤特。

夫以疏远与近爱信争，其数不胜也；以新旅与习故争，其数不胜也；以反主意与同好争，其数不胜也；以轻贱与贵重争，其数不胜也；以一口与一国争，其数不胜也。法术之士，操五不胜之势，以岁数而又不得见；当涂之人，乘五胜之资，而旦暮独说于前；故法术之士，奚道得进，而人主奚时得悟乎？故资必不胜而势不两存，法术之士焉得不危？其可以罪过诬者，以公法而诛之；其不可被以罪过者，以私剑而穷之。是明法术而逆主上者，不僇于吏诛，必死于私剑矣。［见本书第三章、四、（三）］

朋党比周以弊（蔽）主，言曲以便私者，必信于重人矣。故其可以功伐借者，以官爵贵之；其可借以美名者，以外权重之。是以弊（蔽）主上而趋于私门者，不显于官爵，必重于外权矣。今人主不合参验而行诛，不待见功而爵禄，故法术之士安能蒙死亡而进其说，奸邪之臣安肯弃利而退其身？故主上愈卑，私门益尊。［见本书第三章、四、（三）］

夫越虽国富兵强，中国之主皆知无益于己也，曰："非吾所得制也。"今有国者虽地广人众，然而人主雍蔽，大臣专权，是国为越也。智（知）不类越，而不智（知）不类其国，不察其类者也。人之所以谓齐亡者，非地与城亡也，吕氏弗制，而田氏用之。所以谓晋亡者，亦非地与城亡也，姬氏不制，而六卿专之也。今大臣执柄独断，而上弗知收，是人主不明也。与死人同病者，不可生也；与亡国同事者，不可存也。今袭迹于齐、晋，欲国安存，不可得也。［见本书第四章、二、（五）］

凡法术之难行也，不独万乘，千乘亦然。人主之左右不必智也，人主于人有所智而听之，因与左右论其言，是与愚人论智也。人主之左右不必贤也，人主于人有所贤而礼之，因与左右论其行，是与不肖论贤也。智者决策于愚人，贤士程行于不肖，则贤智之士羞而人主之论悖矣。人臣之欲得官者，其修士且以精絜固身，其智士且以治辩进业。其修士不能以货赂事人，恃其精絜治辩，而更不能以枉法为治，则修智之士，不事左右，不听请谒矣。人主之左右，行非伯夷也，求索不得，货赂不至，则精辩之功息，而毁诬之言起矣。治辩之功制于近习，精絜之行决于毁誉，则修智之吏废，而人主之明塞矣。不以功伐决智行，不以参伍审罪过，而听左右近习之言，则无能之士在廷，而愚污之吏处官矣。
[见本书第三章、四、（四）]

万乘之患，大臣太重；千乘之患，左右太信；此人主之所公患也。且人臣有大罪，人主有大失。臣主之利相与异者也，何以明之哉？曰：主利在有能而任官，臣利在无能而得事；主利在有劳而爵禄，臣利在无功而富贵；主利在豪杰使能，臣利在朋党用私。是以国地削而私家富，主上卑而大臣重。故主失势而臣得国，主更称蕃臣，而相室剖符，此人臣之所以谲主便私也。故当世之重臣，主变势而得固宠者，十无二三。是其故何也？人臣之罪大也。臣有大罪者，其行欺主也，其罪当死亡也。智士者远见，而畏于死亡，必不从重人矣。贤士者修廉，而羞与奸臣欺其主，必不从重人矣。是当涂者之徒属，非愚而不知患者，必污而不避奸者也。大臣挟愚污之人，上与之欺主，下与之收利侵渔，朋党比周，相与一口，惑主败法，以乱士民，使国家危削，主上劳辱，此大罪也。臣有大罪而主弗禁，此大失也。使其主有大失于上，臣有大罪于下，索国之不亡者，不可得也。[参见本书第一章、一、（六）]

定法

问者曰："申不害、公孙鞅，此二家之言，孰急于国？"

应之曰："是不可程也。人不食十日则死，大寒之隆不衣亦死，谓之衣食孰急于人？则是不可一无也，皆养生之具也。今申不害言术而公孙鞅为法。术者，因任而授官，循名而责实，操杀生之柄，课群臣之能者也：此人主之所执也。法者，宪令著于官府，赏罚必于民心，赏存乎慎法，而罚加乎奸令者也；此臣之所师也。君无术则弊（蔽）于上，臣无法则乱于下，此不可一无，皆帝王之具也。"[见本书第二章、二、（一）]

问者曰："徒术而无法，徒法而无术，其不可，何哉？"

对曰："申不害，韩昭侯之佐也。韩者，晋之别国也。晋之故法未息，而韩之新法又生；先君之令未收，而后君之令又下。申不害不擅其法，不一其宪令，则奸多。故利在故法前令则道之，利在新法后令则道之。故新相反，前后相悖，则申不害虽十使昭侯用术，而奸臣犹有所谲其辞矣。故托万乘之劲韩十七年，而不至于霸王者，虽用术于上，法不勤饰（饬）于官之患也。公孙鞅之治秦也，设告坐而责其实，连什伍而同其罪，赏厚而信，刑重而必。是以其民用力劳而不休，逐敌危而不却，故其国富而兵强；然而无术以知奸，则以富强也资人臣而已矣。及孝公、商君死，惠王即位，秦法未败也，而张仪以秦殉韩、魏；惠王死，武王即位，甘茂以秦殉周；武王死，昭襄王即位，穰侯越韩、魏而东攻齐，五年而秦不益尺寸之地，乃成其陶邑之封；应侯攻韩八年，成其汝南之封。自是以来，诸用秦者，皆应、穰之类也。故战胜则大臣尊，益地则私封立，主无术以知奸也。商君虽十饰（饬）其法，人臣反用其资。故乘强秦之资数十年，而不至于帝王者，法虽勤饰（饬）于官，主无术于上之患也。"[见本书第二章、二、（二）]

问者曰："主用申子之术，而官行商君之法，可乎？"

对曰："申子未尽于术，商君未尽于法也。申子言：'治不逾官，虽知弗言。'治不逾官，谓之守职也可；知而弗言，是不谒过也。人主以一国目视，故视莫明焉；以一国耳听，故听莫聪焉。今知而弗言，则人主尚安假借矣？商君之法曰：'斩一首者爵一级，欲为官者为五十石之官；斩二首者爵二级，欲为官者为百石之官。'官爵之迁与斩首之功相称也。今有法曰：'斩首者令为医、匠'，则屋不成而病不已。夫匠者手巧也，而医者齐（剂）药也，而以斩首之功为之，则不当其能。今治官者，智能也；今斩首者，勇力之所加也。以勇力之所加而治智能之官,是以斩首之功为医、匠也。故曰:"二子之于法、术,皆未尽善也。"[见本书第二章、二、(三)]

五蠹(节录)

上古之世,人民少而禽兽众,人民不胜禽兽虫蛇;有圣人作,构木为巢,以避群害,而民悦之,使王天下,号之曰有巢氏。民食果、蓏(luǒ)、蚌、蛤(gé),腥、臊、恶、臭,而伤害腹胃,民多疾病;有圣人作,钻燧取火,以化腥臊,而民说(悦)之,使王天下,号之曰燧人氏。中古之世,天下大水,而鲧(gǔn)、禹决渎。近古之世,桀、纣暴乱,而汤、武征伐。今有构木钻燧于夏后氏之世者,必为鲧、禹笑矣;有决渎于殷、周之世者,必为汤、武笑矣;然则今有美尧、舜、汤、武、禹之道于当今世者,必为新圣笑矣。是以圣人不期修古,不法常可;论世之事,因为之备。[见本书第一章、二、(一)]

宋人有耕田者,田中有株,兔走触株,折颈而死,因释其耒(lěi)而守株,冀复得兔;兔不可复得,而身为宋国笑。今欲以先王之政,治当世之民,皆守株之类也。[见本书第一章、二、(二)]

夫山居而谷汲者,膢(lú)腊而相遗以水;泽居苦水者,买庸（佣）而决窦（渎）。故饥岁之春，幼弟不飨；穰岁之秋，疏客必食（sì）。非疏骨肉，爱过客也，多少之实异也。是以古之易财，非仁也，财多也；今之争夺，非鄙也，财寡也；轻辞天子，非高也，势薄也；重争士托，非下也，权重也。故圣人议多少、论薄厚而为之政。故罚薄不为慈，诛严不为戾，称俗而行也。故事因于世，而备适于事。

古者文王处丰、镐（hào）之间，地方百里，行仁义而怀西戎，遂王（wàng）天下。徐偃王处汉东，地方五百里，行仁义，割地而朝者三十有六国；荆文王恐其害己也，举兵伐徐，遂灭之。故文王行仁义而王天下，偃王行仁义而丧其国，是仁义用于古，不用于今也。故曰："世异则事异。"当舜之时，有苗不服，禹将伐之，舜曰："不可！上德不厚而行武，非道也。"乃修教三年，执干戚舞，有苗乃服。共工之战，铁铦短者及乎敌，铠甲不坚者伤乎体。是干戚用于古，不用于今也。故曰："事异则备变。"上古竞于道德，中世逐于智谋，当今争于气力。齐将攻鲁，鲁使子贡说之。齐人曰："子言非不辩也，吾所欲者土地也，非斯言所谓也。"遂举兵伐鲁，去门十里以为界。故偃王仁义而徐亡，子贡辩智而鲁削。以是言之，夫仁义辩智，非所以持国也。去偃王之仁，息子贡之智，循徐、鲁之力，使敌万乘，则齐、荆之欲不得行于二国矣。[见本书第一章、二、（三）]

夫古今异俗，新故异备，如欲以宽缓之政，治急世之民，犹无辔策而御駻马，此不知（智）之患也。今儒、墨皆称"先王兼爱天下，则视民如父母"。何以明其然也？曰："司寇行刑，君为之不举乐；闻死刑之报，君为流涕。"此所举先王也。夫以君臣为如父子则必治，推是言之，是无乱父子也。人之情性莫先于父母，皆见爱而未必治也。君虽厚爱，奚遽不乱？今先王之爱民，不过父母之爱子，子未必不乱也，则民奚遽治哉？且夫以法行刑而君为之流涕，此以效仁，非以为治也。夫垂泣不欲刑者，仁也；然而不可不刑者，法也。先王胜其法，不听其泣，则仁之不可以为治亦明矣。［见本书第二章、四、（五）］

且民者固服于势，寡能怀于义。仲尼，天下圣人也，修行明道，以游海内，海内说（悦）其仁，美其义，而为服役者七十人。盖贵仁者寡，能义者难也。故以天下之大而为服役者七十人，而为仁义者一人。鲁哀公，下主也，南面君国，境内之民莫敢不臣。民者固服于势，势诚易以服人。故仲尼反为臣，而哀公顾为君；仲尼非怀其义，服其势也。故以义，则仲尼不服于哀公；乘势，则哀公臣仲尼。今学者之说人主也，不乘必胜之势，而曰："务行仁义，则可以王。"是求人主之必及仲尼，而以世之凡民皆如列徒，此必不得之数也。［见本书第四章、一、（二）］

今有不才之子，父母怒之弗为改，乡人谯之弗为动，师长教之弗为变。夫以父母之爱，乡人之行，师长之智，三美加焉而终不动，其胫毛不改。州部之吏操官兵，推公法，而求索奸人，然后恐惧，变其节、易其行矣。故父母之爱，不足以教子，必待州部之严刑者，民固骄于爱、听于威矣。故十仞之城，楼季弗能逾者，峭也；千仞之山，跛牂易牧者，夷也。故明王峭其法而严其刑也。布帛寻常，庸人不释，铄金百镒（溢），盗跖不掇。不必害，则不释寻常；必害手，则不掇百镒（溢）。故明主必其诛也。是以赏莫如厚而信，使民利之；罚莫如重而必，使民畏之；法莫如一而固，使民知之。故主施赏不迁，行诛无赦，誉辅其赏，毁随其罚，则贤不肖俱尽其力矣。[见本书第二章、五、（一）]

儒以文乱法，侠以武犯禁，而人主兼礼之，此所以乱也。夫离法者罪，而诸先生以文学取；犯禁者诛，而群侠以私剑养。故法之所非，君之所取；吏之所诛，上之所养也。法、取（趣）、上、下，四相反也，而无所定，虽有十黄帝，不能治也。故行仁义者非所誉，誉之则害功；工文学者非所用，用之则乱法。国平养儒侠，难至用介士，所利非所用，所用非所利。是故服事者简其业，而游（遊）学者日众，是世之所以乱也。[见本书第二章、四、（十二）]

今人主之于言也，说（悦）其辩，而不求其当（dàng）焉；其用于行也，美其声，而不责其功焉。是以天下之众，其谈言者务为辩而不周于用。故举先王言仁义者盈庭，而政不免于乱。行身者竞于为高而不合于功。故智士退处岩穴，归禄不受，而兵不免于弱，政不免于乱，此其故何也？民之所誉，上之所礼，乱国之术也。今境内之民皆言治，藏商、管之法者家有之，而国愈贫；言耕者众，执耒者寡也。境内皆言兵，藏孙、吴之书者家有之，而兵愈弱；言战者多，被甲者少也。故明主用其力，不听其言；赏其功，必禁无用。故民尽死力以从其上。夫耕之用力也劳，而民为之者，曰：可得以富也。战之为事也危，而民为之者，曰：可得以贵也。今修文学，习言谈，则无耕之劳而有富之实，无战之危而有贵之尊，则人孰不为也！是以百人事智，而一人用力。事智者众，则法败；用力者寡，则国贫。此世之所以乱也。故明主之国，无书简之文，以法为教；无先王之语，以吏为师；无私剑之捍，以斩首为勇。是以境内之民，其言谈者必轨于法，动作者归之于功，为勇者尽之于军。是故无事则国富，有事则兵强，此之谓王资。既畜（蓄）王资，而承敌国之衅（衅），超五帝、侔三王者，必此法也。[见本书第一章、三、（八）]

内储说上（节录）

卫灵公之时，弥子瑕有宠，专于卫国。侏儒有见公者曰："臣之梦践矣。"公曰："何梦？"对曰："梦见灶，为见公也。"公怒曰："吾闻见人主者梦见日，奚为见寡人而梦见灶！"对曰："夫日，兼烛天下，一物不能当也；人君兼烛一国，一人不能壅也。故将见人主者，梦见日。夫灶，一人炀焉，则后人无从见矣。今或者一人有炀君者乎？则臣虽梦见灶，不亦可乎！"[见本书第三章、五、（四）]

殷之法：刑弃灰于街者，子贡以为重，问之仲尼。仲尼曰：

"知治之道也。夫弃灰于街必掩人，掩人，人必怒，怒则斗，斗必三族相残也；此残三族之道也，虽刑之可也。且夫重罚者，人之所恶（wù）也；而无弃灰，人之所易也，使人行之所易而无离所恶，此治之道。"[见本书第二章、四、（十一）]

鲁人烧积泽，天北风，火南倚，恐烧国，哀公惧，自将众趣救火者。左右无人，尽逐兽，而火不救。乃召问仲尼，仲尼曰："夫逐兽者乐而无罚，救火者苦而无赏，此火之所以无救也。"哀公曰："善。"仲尼曰："事急不及以赏；救火者尽赏之，则国不足以赏于人。请徒行罚。"哀公曰："善。"于是仲尼下令曰："不救火者，比降北之罪；逐兽者，比入禁之罪。"令下未遍，而火已救矣。[见本书第二章、四、（十）]

卫嗣君之时，有胥靡逃之魏，因为襄王之后治病。卫嗣君闻之，使人请以五十金买之，五反而魏王不予，乃以左氏易之。群臣左右谏曰："夫以一都买一胥靡，可乎？"君曰："非子之所知也。夫治无小而乱无大。法不立而诛不必，虽有十左氏，无益也；法立而诛必，虽失十左氏，无害也。"魏王闻之曰："主欲治而不听之，不祥。"因载而往，徒献之。（见本书第二章、四、（四））

齐宣王使人吹竽，必三百人。南郭处士请为王吹竽，宣王说（悦）之，廪食以数百人。宣王死，湣（mǐn）王立，好一一听之，处士逃。[见本书第三章、五、（六）]

卫嗣公使人为客过关市，关吏苛难之，因事关市，以金与关吏，乃舍之。嗣公为（谓）关吏曰："某时有客过而所，与汝金，

而汝因遣之。"关吏乃大恐，而以嗣公为明察。[见本书第三章、七、(二)]

内储说下（节录）

卫人有夫妻祷者，而祝曰："使我无故得百束布。"其夫曰："何少也？"对曰："益是，子将以买妾。"[见本书第一章、一、(八)]

荆王所爱妾有郑袖者，荆王新得美女，郑袖因教之曰："王甚喜人之掩口也，为近王，必掩口。"美女入见，近王，因掩口。王问其故，郑袖曰："此固言恶（wù）王之臭。"及王与郑袖、美女三人坐，袖因先诫御者曰："王适有言，必亟听从王言。"美女前，近王甚，数掩口，王悖然怒曰："劓之。"御者因揄刀而劓美人。[见本书第三章、七、(三)]

僖侯浴，汤中有砾。僖侯曰："尚浴免，则有当代者乎？"左右对曰："有。"僖侯曰："召而来。"谯之曰："何为置砾汤中？"对曰："尚浴免，则臣得代之，是以置砾汤中。"[见本书第三章、七、(四)]

外储说左上（节录）

燕王好微巧，卫人曰："能以棘之端为母猴（弥猴）。"燕王说（悦）之，养之以五乘之奉（俸）。王曰："吾试观客为棘刺之母猴。"客曰："人主欲观之，必半岁不入宫，不饮酒食肉，雨霁日出，视之晏阴之闲（间），而棘刺之母猴乃可见也。"燕王因养卫人，不能观其母猴。

郑有台下之冶者，谓燕王曰："臣，为削者也，诸物必以削削之，而所削必大于削。今棘刺之端不容削锋，难以治棘刺之端。王试观客之削，能与不能可知也。"王曰："善。"谓卫人曰："客为棘刺之母猴也，何以治之？"曰："以削。""吾欲观见之。""臣请之舍取之。"因逃。[见本书第三章、四、（七）]

客有教燕王为不死之道者，王使人学之，所使学者未及学而客死。王大怒，诛之。

王不知客之欺己，而诛学者之晚也。夫信不然之物，而诛无罪之臣，不察之患也。且人所急，无如其身，不能自使其无死，安能使王长生哉！[见本书第三章、四、（九）]

客有为齐王画者，齐王问曰："画孰最难者？"曰："犬、马最难。""孰易者？"曰："鬼魅最易。"夫犬、马，人所知也，旦暮罄于前，不可类之，故难；鬼神，无形者，不罄于前，故易之也。[见本书第三章、四、（十）]

齐有居士田仲者，宋人屈谷见之，曰："谷闻先生之义，不恃仰人而食。今谷有巨瓠，坚如石，厚而无窍，愿献之先生。"仲曰："夫瓠所贵者，谓其可以盛也。今厚而无窍，则不可剖以盛物；而重如坚石，则不可以剖而以斟，吾无以瓠为也。"曰："然，谷将欲弃之。"今田仲不恃仰人而食，亦无益人之国，亦坚瓠之类也。[见本书第三章、五、（十）]

夫婴儿相与戏也，以尘为饭，以涂为羹，以木为胾（zì），然至日晚，必归飨者，尘饭、涂羹可以戏而不可食也。夫称上古之传颂，辩而不悫，道先王仁义而不能正国者，此亦可以戏，而不可以为治也。夫慕仁义而弱乱者，三晋也；不慕而治强者，秦也，然而未帝者，治未毕也。[见本书第一章、三、（五）]

人为婴儿也，父母养之简，子长而怨。子盛壮成人，其供养薄，父母怒而诮之。子、父，至亲也，而或诮或怨者，皆挟相为而不周于为己也。夫买庸（佣）而播耕者，主人费家而美食，调钱布而求易者，非爱庸客也，曰：如是，耕者且深耨熟耘也。庸客致力而疾耘耕，尽巧而正畦埒陌者，非爱主人也，曰：如是，羹且美，钱布且易云也。此其养功力，有父子之泽矣，而心调于用者，皆挟自为心也。故人行事施予，以利之为心，则越人易和；以害之为心，则父子离且怨。[见本书第一章、一、（五）]

附录二　引据篇目解题表

篇名	原典篇次	本书篇章
《内储说上、下》	三十、三十一	第一章、一、（一）
《外储说左、右、上、下》	三十二、三十三、三十四、三十五	第一章、一、（一）
《五蠹》	四十九	第一章、一、（一）
《说林上、下》	二十三、二十四	第一章、一、（二）
《备内》	十七	第一章、一、（四）
《孤愤》	十一	第一章、一、（六）
《八说》	四十七	第一章、二、（四）
《南面》	十八	第一章、二、（六）
《显学》	五十	第一章、二、（六）
《八奸》	九	第一章、三、（一）
《饰邪》	十九	第二章、一、（一）
《有度》	六	第二章、一、（二）
《诡使》	四十五	第二章、一、（三）

《定法》	四十三	第二章、二、（一）
《难一、二、三、四》	三十六、三十七、三十八、三十九	第二章、三、（一）
《心度》	五十四	第二章、三、（三）
《亡征》	十五	第二章、三、（四）
《解老》	二十	第二章、三、（四）
《用人》	二十七	第二章、三、（五）
《六反》	四十六	第二章、四、（六）
《八经》	四十八	第三章、一、（三）
《喻老》	二十一	第三章、二、（十四）
《二柄》	七	第三章、三、（一）
《奸劫杀臣》	十四	第三章、四、（五）
《说疑》	四十四	第三章、六、（三）
《爱臣》	四	第四章、二、（三）
《难势》	四十	第四章、三、（一）
《说难》	十二	第五章、一、（一）

《中国历代经典宝库》总目